Stephan Faust

Mein erster großer Weltatlas

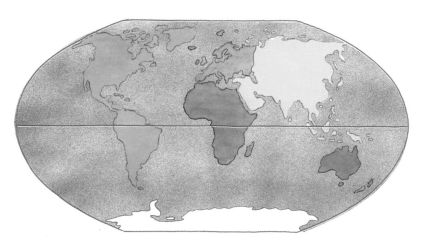

Karten und Illustrationen von
Klaus Ohl und Horst Rothe

Inhalt

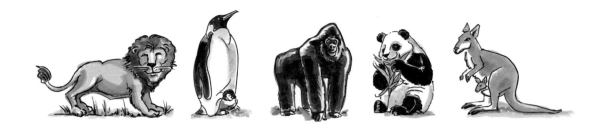

Inhalt

Wie man einen Atlas benutzt

Du hast gerade deinen ersten Weltatlas aufgeschlagen. Ein Atlas ist eine Sammlung von Karten, auf denen Ausschnitte der Welt zu sehen sind. Auf ihnen siehst du, wie die einzelnen Länder aussehen und wie sie heißen. Du erkennst auf ihnen Flüsse, Seen und Gebirge. Doch wenn man die Welt richtig kennen lernen will, muss man natürlich noch viel

mehr wissen. Deshalb haben wir in die Karten zusätzlich noch die interessantesten Dinge eingezeichnet, die es in dem jeweiligen Gebiet der Welt zu entdecken gibt: zum Beispiel bekannte Tiere und Pflanzen oder wichtige Gebäude. Kurze Texte erklären dir außerdem ein paar Besonderheiten, die für die jeweiligen Länder typisch sind.

Was genau ist eine Karte?

Eine Karte ist ein Abbild der Erdoberfläche oder Teilen von ihr. Am genauesten kann man die Welt natürlich

als Globus darstellen, denn sie ist nun mal rund und nicht flach – ein Globus passt aber nicht in ein Buch und müsste außerdem unendlich groß sein, wenn man sich einzelne Gebiete der Welt genauer ansehen möchte. Deshalb nimmt man eine Karte, so hat man immer eine ebene Fläche.

Allerdings ist eine Karte verkleinert, denn man kann das abzubildende Gebiet ja nicht in Originalgröße auf das Papier zeichnen. Dann würde ja zum Beispiel eine Karte von Deutschland so groß wie das ganze Land sein. Weil man die Karte aber stark verkleinert, muss man dabei ein paar Dinge berücksichtigen:

■ Erstens muss man die Karte maßstabsgetreu verkleinern. Maßstabsgetreu heißt, dass alle Dinge, egal ob Städte, Flüsse, Wüsten oder Meere im gleichen Größenverhältnis zueinander verkleinert werden. Mit dem Maßstab, der normalerweise unter jeder Karte eingezeichnet ist, kannst du auch die tatsächliche Entfernung ausrechnen. Wenn als Maßstab zum Beispiel 1 : 50 000 angegeben ist, dann entsprechen 1 Zentimeter auf der Karte 50 000 Zentimeter im wirklichen Gelände.

Manchmal wird als Ersatz für den Maßstab einfach eine Kilometerleiste verwendet, auf der du die Entfernungen der Orte auf der Karte genau abschätzen kannst.

Maßstab 1 : 500　　　*Maßstab 1 : 2 000*　　　*Maßstab 1 : 50 000*

■ Zweitens kann man die Oberfläche der Erde nicht verkleinern, ohne sie zu verallgemeinern. Verallgemeinern heißt, dass man für bestimmte Gegebenheiten Zeichen (Symbole) findet, mit deren Hilfe der Leser gleich erkennt, um was es sich handelt. Die Farbigkeit dieser Symbole ist an das natürliche Erscheinungsbild angelehnt: Flüsse sind blau, Städte werden rot eingezeichnet (wegen der früher üblichen roten Dachziegel), Wälder und Wiesen sind grün und Eisenbahnschienen schwarz.

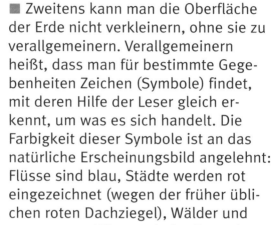

Eine ganz wichtige Hilfe zur Orientierung ist die Nordung der Karten. Das heißt, dass Norden immer oben ist. Süden liegt in der genau entgegengesetzten Richtung, also unten.

Flüsse und Seen

Symbol auf der Karte

Hauptstädte und Großstädte

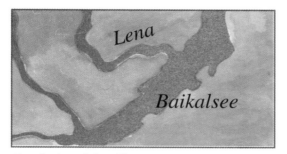

Symbol auf der Karte
Kreis: Hauptstadt   Quadrat: Großstadt

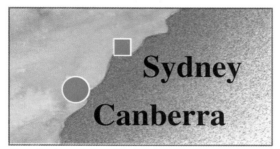

Berge und Gebirge

Symbol auf der Karte

Eine nicht maßstabsgetreue Darstellung

Westen ist auf der Karte immer links und Osten rechts. Von links nach rechts gelesen ergibt sich also immer das Wörtchen „Wo"! Ein echter Geograph – das sind Menschen, die die Erdoberfläche erforschen – darf also niemals sagen, dass die Schweiz links von Österreich liegt – sondern sie liegt westlich davon.

Die Erde

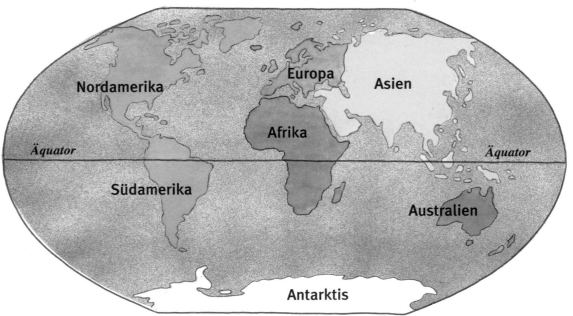

Die Kontinente

nämlich gar nicht so rund, wie ein Globus uns das vielleicht weismachen will. An den Polen (oben und unten) ist es sehr kalt, und es wird umso wärmer, je weiter wir uns von ihnen entfernen.

■ Um über einzelne Punkte auf der Erde zu sprechen, braucht man Orientierungshilfen. So sind die Begriffe Norden, Süden, Westen und Osten von den Menschen erdacht worden, um sich besser zurechtzufinden. Um jeden einzelnen Punkt auf der Erde genau bestimmen zu können, legten die Menschen einfach eine Art Gitter über die gesamte Erdkugel. Die Linien, die

Die Landmasse der Erde wird in sieben verschiedene Kontinente gegliedert: In Nord- und Südamerika, in Europa, Asien, Afrika, Australien und die Antarktis (Südpol). Getrennt werden die Kontinente durch die Ozeane oder Weltmeere beziehungsweise ihre Nebenmeere. So liegt zwischen Amerika und Europa der Atlantik, Australien wird von Amerika durchden Pazifik getrennt und der Indische

Ozean hat sich zwischen Afrika und Australien breit gemacht.

■ Auf der Erde gibt es verschiedene Klimazonen. Welches Klima wo herrscht, hängt von der Lage auf der Erde, der Höhe über dem Meeresspiegel, von den Winden oder der jeweiligen Entfernung von der Küste ab. Stell dir die Erde als einen Luftballon vor, den du oben und unten leicht zusammendrückst. Die Erde ist

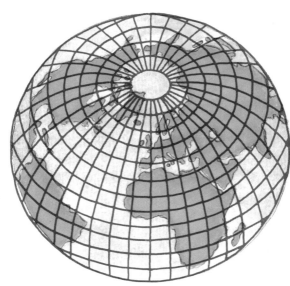

Längen- und Breitengrade

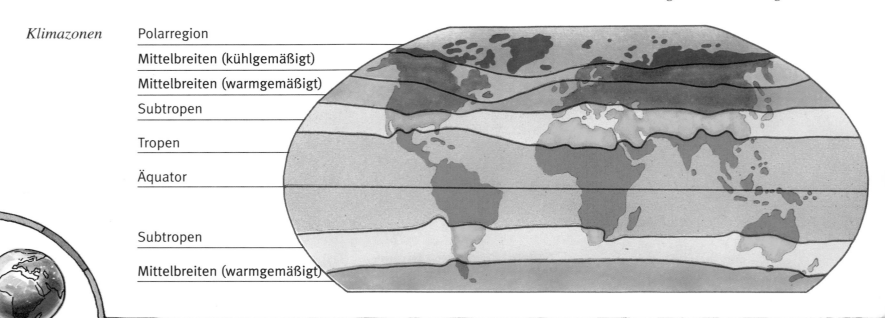

Klimazonen

- Polarregion
- Mittelbreiten (kühlgemäßigt)
- Mittelbreiten (warmgemäßigt)
- Subtropen
- Tropen
- Äquator
- Subtropen
- Mittelbreiten (warmgemäßigt)

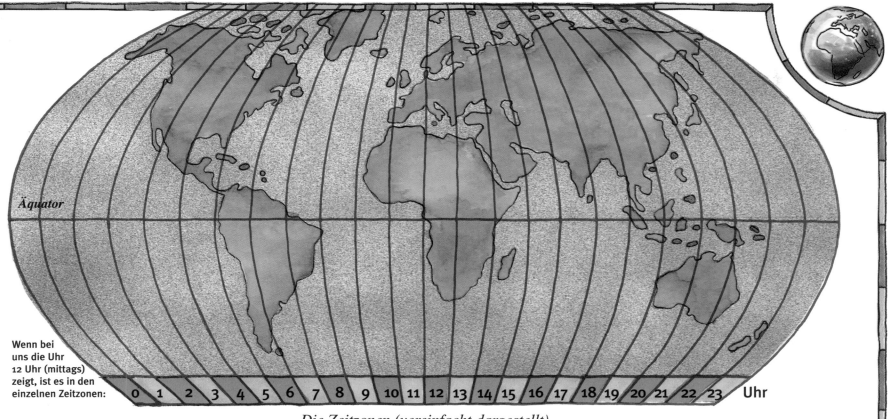

Die Zeitzonen (vereinfacht dargestellt)

Wenn bei uns die Uhr 12 Uhr (mittags) zeigt, ist es in den einzelnen Zeitzonen:

0 1 2 3 4 5 6 7 8 9 10 11 12 13 14 15 16 17 18 19 20 21 22 23 **Uhr**

quer verlaufen, nannte man Breiten-kreise oder -grade, die Linien, die von Pol zu Pol führen, Längenkreise oder -grade. Wie du auf der Zeichnung sehen kannst, liegt der breiteste Breitenkreis am weitesten von den Polen entfernt. Ihn nennt man Äquator – und dort ist es am heißesten.

■ Vielleicht hast du schon gehört, dass sich die Erde um die Sonne dreht und wiederum auch um sich selbst.

An den Polen ist der Winkel der Sonneneinstrahlung viel kleiner, viele Monate gelangt die Sonne sogar überhaupt nicht an die Pole. Deshalb ist es dort sehr kalt und oft auch lange dunkel. Auch die Jahreszeiten werden von dem Winkel der Sonneneinstrah-lung, also von der Stellung der Erde zur Sonne, bestimmt. Und schließlich bewirkt die Erdumdrehung (Erd-rotation) auch den Wechsel von Tag und Nacht.

■ Da sich die Erde um die Sonne dreht, kann natürlich nicht überall zur gleichen Zeit Tag und Nacht sein – denn die Sonnenstrahlen wandern ja sozusagen über die Erde. Deshalb kann auch nicht auf der ganzen Welt die gleiche Uhrzeit herrschen. So teilt man die Erde in verschiedene Zeitzonen ein, die mit den Zonen zwischen zwei Längengraden überein-stimmen. Fliegt man von Europa in Richtung Westen, muss man pro Zeit-

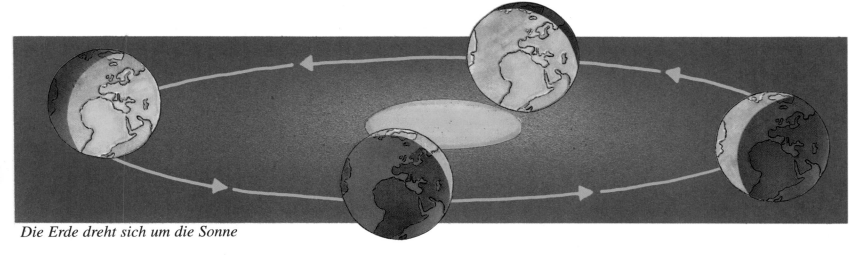

Die Erde dreht sich um die Sonne

Deshalb ist auch an jedem Punkt der Erde die Sonneneinstrahlung unter-schiedlich. Auch der Winkel der Sonneneinstrahlung spielt eine große Rolle für das Klima auf der Erde. So steht um 12 Uhr mittags die Sonne senkrecht über dem Äquator und kann so ihre ganz Kraft entfalten.

■ Die Erde wird häufig auch der Blaue Planet genannt. Das liegt daran, dass zwei Drittel der Erde aus Wasser be-stehen und die Kontinente nur ein Drittel der Erdoberfläche ausmachen. Vom Weltraum aus betrachtet, sieht die Erde daher größtenteils wunder-schön blau aus.

zone eine Stunde auf seiner Uhr zu-rückstellen. In Richtung Osten ist es dann natürlich umgekehrt. Es kann auch sein, dass ein einzelnes Land, wenn es besonders groß ist, mehrere Zeitzonen um-fasst, wie zum Beispiel Nordamerika.

Die Europäische Union

Die Idee vom vereinten Europa

Europa ist der zweitkleinste Kontinent, erscheint uns aber riesengroß: Schließlich gibt es in Europa viele Länder, in denen die unterschiedlichsten Sprachen gesprochen werden und deren Kulturen uns fremd erscheinen. Trotzdem sind wir Europäer, im Vergleich zu den Bewohnern anderer Erdteile, gar nicht so verschieden: 90 Prozent aller Europäer haben die gleiche Religion und ähnliche geschichtliche Wurzeln – und auch die technische und wirtschaftliche Entwicklung ist in den meisten Ländern ähnlich fortgeschritten. Deshalb hatte man schon früh die Idee, die einzelnen Länder Europas zu einem Staatenbund zu vereinigen. Dieser Staatenbund sollte die Interessen aller Mitgliedstaaten vertreten und für eine bessere Zusammenarbeit der Länder sorgen.

Die europäischen Gemeinschaften

Nachdem die gesamteuropäische Idee schon am Anfang des 20. Jahrhunderts diskutiert wurde, geriet sie verständlicherweise durch die beiden Weltkriege, in denen sich die europäischen Staaten untereinander bekämpften, in Vergessenheit. Doch die Gegner von gestern sollten schon bald zur Gemeinschaft von morgen werden: 1957 schuf man die Europäische Gemeinschaft (EG), um in der Atompolitik, bei der Kohle- und Stahlherstellung und in anderen wirtschaftlichen Dingen stärker zusammenzuarbeiten. Ziele der EG waren zunächst, die Wirtschaftspolitik der Mitgliedstaaten anzugleichen und die Waren innerhalb Europas gerechter zu verteilen. Die EG sollte zu mehr Sicherheit, Frieden, Freiheit und Wohlstand führen. Die sechs Gründungsmitglieder waren: Belgien, die Bundesrepublik Deutschland, Frankreich, Italien, Luxemburg und die Niederlande.

Schweden

Irland

Dänemark

Großbritannien

Niederlande

Polen

Belgien

Deutschland

Tschechisch Republik

Luxemburg

Österreich

Ungarn

Frankreich

Slowenien

Italien

Portugal

Spanien

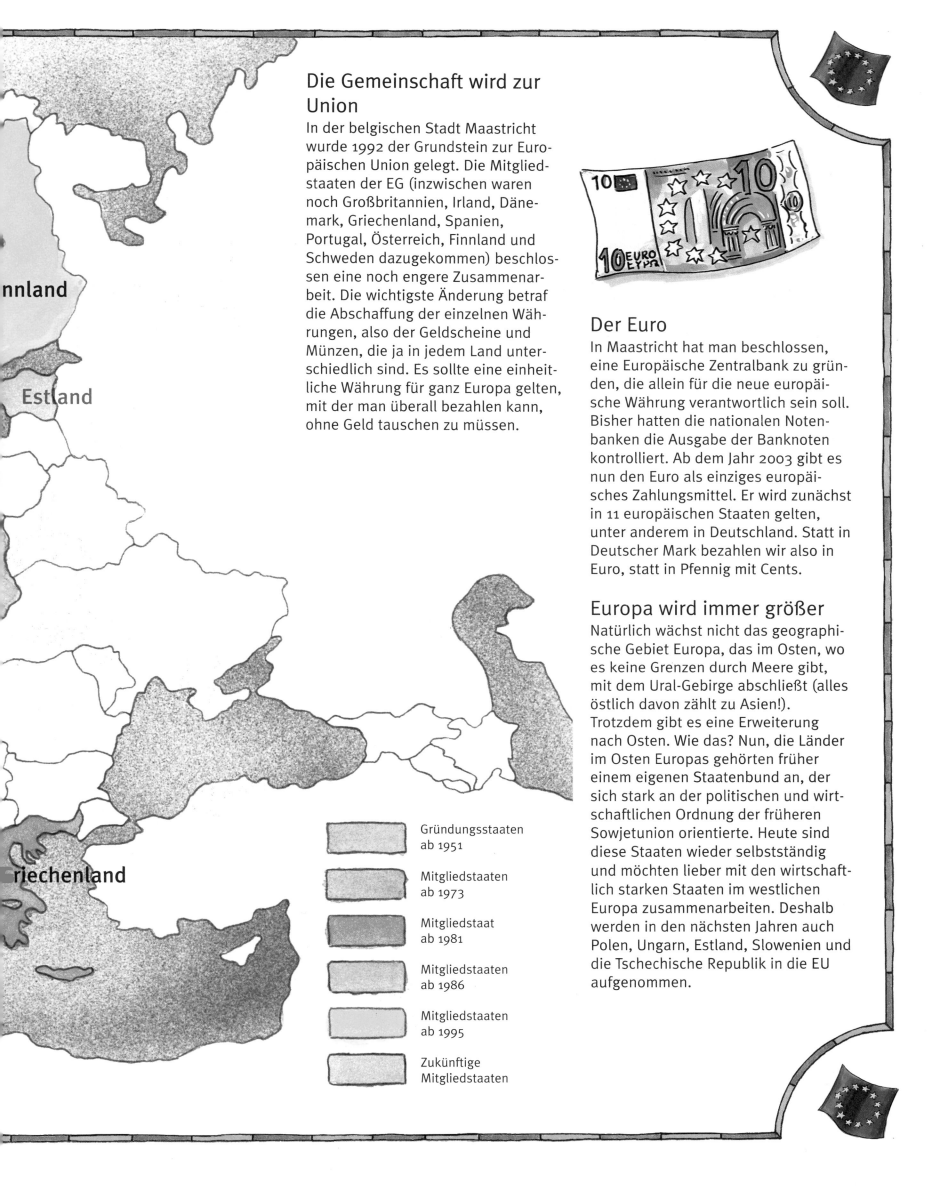

Die Gemeinschaft wird zur Union

In der belgischen Stadt Maastricht wurde 1992 der Grundstein zur Europäischen Union gelegt. Die Mitgliedstaaten der EG (inzwischen waren noch Großbritannien, Irland, Dänemark, Griechenland, Spanien, Portugal, Österreich, Finnland und Schweden dazugekommen) beschlossen eine noch engere Zusammenarbeit. Die wichtigste Änderung betraf die Abschaffung der einzelnen Währungen, also der Geldscheine und Münzen, die ja in jedem Land unterschiedlich sind. Es sollte eine einheitliche Währung für ganz Europa gelten, mit der man überall bezahlen kann, ohne Geld tauschen zu müssen.

Der Euro

In Maastricht hat man beschlossen, eine Europäische Zentralbank zu gründen, die allein für die neue europäische Währung verantwortlich sein soll. Bisher hatten die nationalen Notenbanken die Ausgabe der Banknoten kontrolliert. Ab dem Jahr 2003 gibt es nun den Euro als einziges europäisches Zahlungsmittel. Er wird zunächst in 11 europäischen Staaten gelten, unter anderem in Deutschland. Statt in Deutscher Mark bezahlen wir also in Euro, statt in Pfennig mit Cents.

Europa wird immer größer

Natürlich wächst nicht das geographische Gebiet Europa, das im Osten, wo es keine Grenzen durch Meere gibt, mit dem Ural-Gebirge abschließt (alles östlich davon zählt zu Asien!). Trotzdem gibt es eine Erweiterung nach Osten. Wie das? Nun, die Länder im Osten Europas gehörten früher einem eigenen Staatenbund an, der sich stark an der politischen und wirtschaftlichen Ordnung der früheren Sowjetunion orientierte. Heute sind diese Staaten wieder selbstständig und möchten lieber mit den wirtschaftlich starken Staaten im westlichen Europa zusammenarbeiten. Deshalb werden in den nächsten Jahren auch Polen, Ungarn, Estland, Slowenien und die Tschechische Republik in die EU aufgenommen.

nnland

Estland

riechenland

Gründungsstaaten
ab 1951

Mitgliedstaaten
ab 1973

Mitgliedstaat
ab 1981

Mitgliedstaaten
ab 1986

Mitgliedstaaten
ab 1995

Zukünftige
Mitgliedstaaten

Der Norden Deutschlands

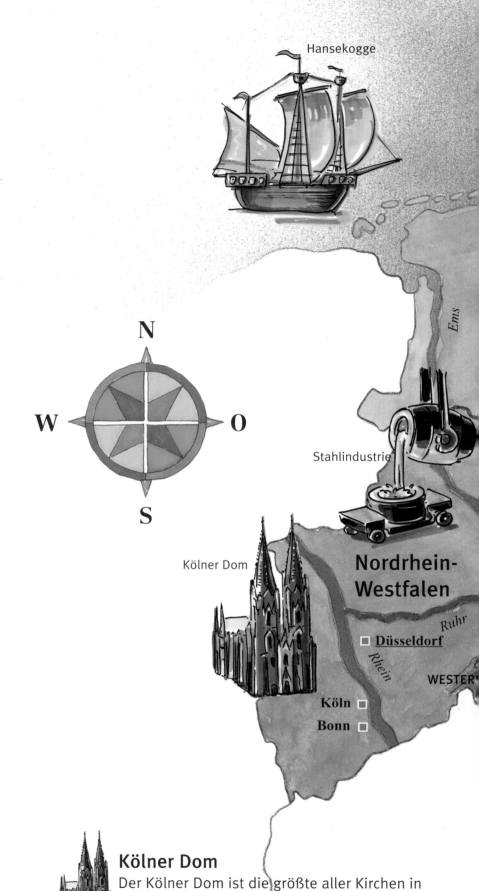

Hansekogge

N

W — O

S

Stahlindustrie

Kölner Dom

Nordrhein-Westfalen

□ **Düsseldorf**

Ruhr

Rhein

Köln □

Bonn □

WESTER

Ems

Während in der Mitte Deutschlands noch viele Gebirge Höhen von bis zu 900 Metern erreichen, ist der Norden Deutschlands fast völlig flach. Die größte Erhebung auf dieser Karte befindet sich mit dem Brocken noch relativ weit südlich im Harz. Ansonsten kann man hier, besonders in Küstennähe, hervorragend Fahrrad fahren. Davon machen auch jedes Jahr Tausende von Urlaubern Gebrauch, die lange Touren entlang der Nord- und Ostseeküste unternehmen.

0 25 50 75 100 km

Die Hanse

Viele Städte entlang der Ost- und Nordseeküste waren früher Mitglieder der Hanse. Die Hanse war ein Städtebund, der gegründet wurde, um die eigenen Handelsschiffe vor Seeräubern und Kriegsschiffen feindlicher Länder zu schützen.

Kölner Dom

Der Kölner Dom ist die größte aller Kirchen in Deutschland. Dafür hat es aber auch lange genug gedauert, bis er fertig war. Stellt euch das mal vor: Im Jahre 1248 hat man mit dem Bau begonnen – und fertig wurde er erst 1880! Über 600 Jahre hat man also an diesem riesigen Bau rumgewerkelt.

Ostsee

Holstentor
in Lübeck

Kiel

Schleswig-
Holstein

Rostock

**Mecklenburg-
Vorpommern**

*Mecklenburgische
Seenplatte*

Wattenmeer

Lübeck

Hamburger
Hafen

Hamburg

Hamburg

Schwerin

? Hättest du's gewusst?

Welche Stadt
hat den größten Hafen
Deutschlands?

In welcher rheinischen
Stadt erschallt alljährlich
der Karnevalsruf „Alaaf"?

Aus welcher Stadt kommt
der berühmte Stollen?

Die Antworten findest du auf Seite 90 - 91.

Bremen

Elbe

Niedersachsen

Brandenburg

Brandenburger Tor

Bremen

Weser

Mittellandkanal

Hexentanz auf
dem Brocken

Berlin

Berlin

Hannover

Potsdam

Magdeburg

Schloss Sanssouci

HARZ

Elbe

ROTHAARGEBIRGE

**Sachsen-
Anhalt**

Leipzig

Nikolaikirche
in Leipzig

Erfurt

Weimar

Thüringen

Sachsen

Dresden

Semper-Oper
in Dresden

Wartburg
bei Eisenach

THÜRINGER
WALD

ERZGEBIRGE

Johann Wolfgang
von Goethe

Die Wartburg

In der Wartburg, auf einem Berg über
der Stadt Eisenach in Thüringen gele-
gen, übersetzte Martin Luther zum ersten Mal die Bibel
ins Deutsche. Angeblich soll ihm dabei ein ums andere
Mal der Teufel persönlich erschienen sein, um ihn an seinem Vorhaben zu hindern.

Der Brocken

Der Brocken ist der höchste Berg im
Harz, um den sich viele Sagen und
Legenden ranken. Häufig wird er auch Blocksberg
genannt, und es heißt, in der Walpurgisnacht würden Hexen und Kobolde auf ihm herumtanzen.

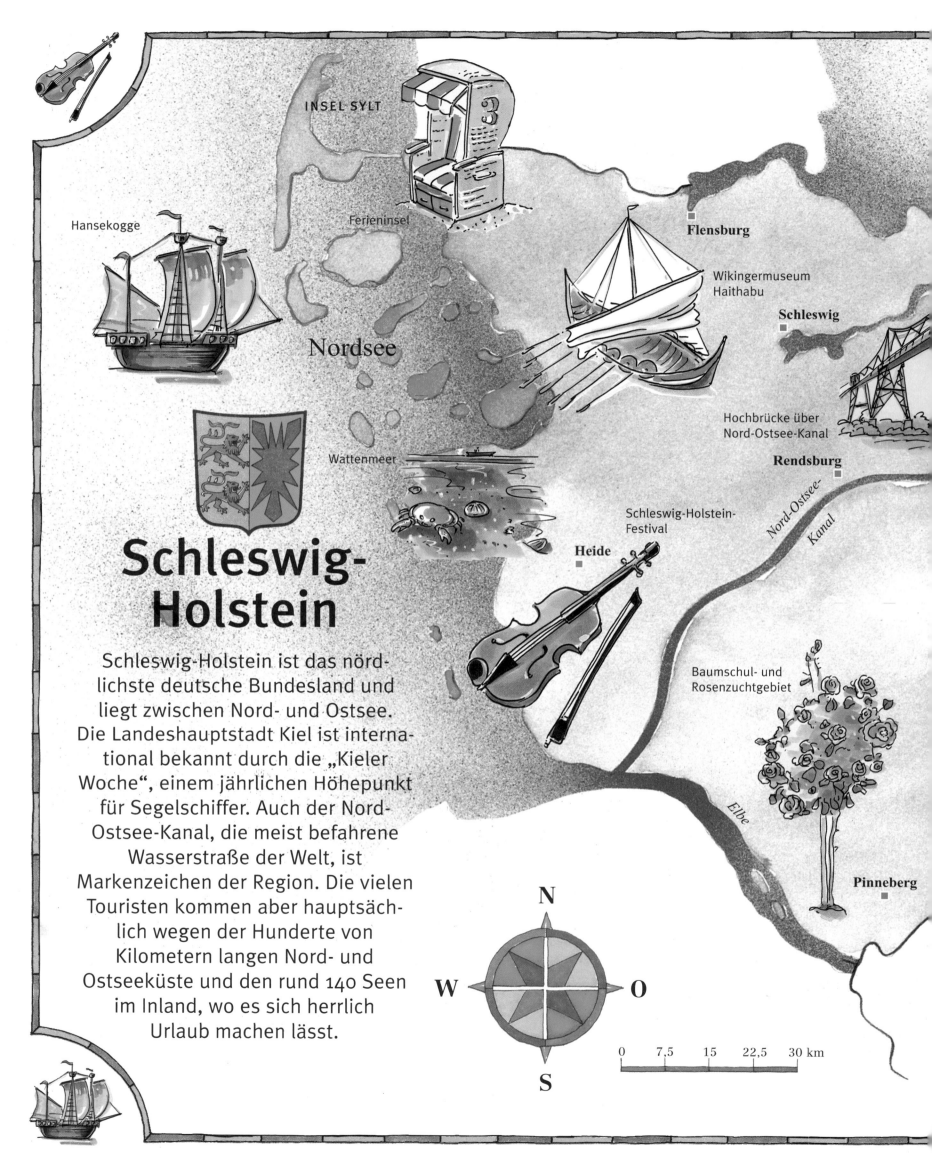

INSEL SYLT

Ferieninsel

Hansekogge

Flensburg

Wikingermuseum
Haithabu

Schleswig

Nordsee

Hochbrücke über
Nord-Ostsee-Kanal

Wattenmeer

Rendsburg

Nord-Ostsee-Kanal

Schleswig-Holstein-
Festival

Heide

Schleswig-Holstein

Schleswig-Holstein ist das nörd-
lichste deutsche Bundesland und
liegt zwischen Nord- und Ostsee.
Die Landeshauptstadt Kiel ist interna-
tional bekannt durch die „Kieler
Woche", einem jährlichen Höhepunkt
für Segelschiffer. Auch der Nord-
Ostsee-Kanal, die meist befahrene
Wasserstraße der Welt, ist
Markenzeichen der Region. Die vielen
Touristen kommen aber hauptsäch-
lich wegen der Hunderte von
Kilometern langen Nord- und
Ostseeküste und den rund 140 Seen
im Inland, wo es sich herrlich
Urlaub machen lässt.

Baumschul- und
Rosenzuchtgebiet

Elbe

Pinneberg

N
W   O
S

0   7,5   15   22,5   30 km

Bad Segeberger Festspiele

In Bad Segeberg am großen Segeberger See finden jedes Jahr die Karl-May-Festspiele statt. Auf einer riesigen Freilichtbühne in einem ehemaligen Steinbruch des Kalkberges können die Besucher seit 1952 Winnetou, Old Shatterhand, Old Shurehand und all den anderen Helden aus den Indianerromanen Karl Mays begegnen.

Kieler Woche

Ostsee

Kiel

Seenplatte

Plön

Karl-May-Festspiele

Holstentor
in Lübeck

Bad Segeberg

Lübeck

Hättest du's gewusst?

Von welchem Himmelskörper werden die Gezeiten (Ebbe und Flut) beeinflusst? Von der Sonne, dem Mond oder dem Mars?

In Lübeck wird eine leckere Spezialität hergestellt. Weißt du welche?

Wie nannte man die Furcht erregenden Schiffe der Wikinger?

Was glaubst du? Wie viele Schiffe fahren täglich (ungefähr) durch den Nord-Ostsee-Kanal? Etwa 20, 120 oder 1.200?

Die Antworten findest du auf Seite 90 - 91.

Wikingermuseum Haithabu

Das Wort Haithabu stammt aus dem Altnorddeutschen und bedeutet „Heidewohnstätte". Die im ersten Jahrhundert n. Chr. gegründete befestigte Handelssiedlung wurde später von den Wikingern erobert. Bei Ausgrabungen fand man unter anderem ein fast vollständig erhaltenes Wikingerschiff, das zusammen mit anderen Funden aus dieser Zeit im Wikingermuseum von Haithabu bei Schleswig ausgestellt ist.

Holstentor Lübeck

Das zweistöckige mittelalterliche Stadttor in Lübeck (auch Holstein-Tor genannt) wurde im 15. Jahrhundert errichtet. Hinter seinen 3,5 Meter dicken Mauern hatten einst 30 Geschütze Platz, aus denen aber niemals ein Schuss abgefeuert wurde. Das Tor ist mittlerweile zum Wahrzeichen der Hansestadt Lübeck und Warenzeichen der Marzipanhersteller geworden.

Sylt

Die nördlichste und größte der nordfriesischen Inseln ist ein international bekanntes Urlaubsziel. Besonders die Badeorte Westerland, Wennigstedt, Kampen, List und Hörnum sind sehr beliebt. Die stürmische See zieht jedes Jahr ein kleines Stück der Insel ins Meer. Mit Küstenschutzmaßnahmen versucht man, die Insel in ihrer jetzigen Form zu erhalten.

Speicherstadt

Die Speicherstadt besteht aus Backsteingebäuden und Lagerhallen, die auf 12 Meter langen Eichenpfählen errichtet wurden. 1888 eingeweiht, bietet sie noch heute die Möglichkeit, in den Lagerhallen Gewürze, Tee, Kakao, Kaffee, Nüsse und Teppiche zu lagern. Früher, als die Schiffe noch kleiner waren, fuhren sie bis vor die Speicher, wo sie mithilfe von Seilwinden entladen wurden. Im Speicherstadtmuseum erfährt man viel Wissenswertes über die Geschichte der Stadt.

Hansestadt Hamburg

Der Stadtstaat Hamburg ist von Niedersachsen im Süden und Schleswig-Holstein im Norden umschlossen. Der Hamburger Hafen – zweitgrößter Seehafen Europas – ist Deutschlands Tor zur Welt und ein bedeutender internationaler Handelsplatz. Bekannt ist neben dem Hafen die alte Speicherstadt, der Tierpark Hagenbeck und der Fischmarkt, wo bereits zu nacht-schlafender Zeit Meeresfrüchte aller Art gehandelt werden. Neben Fisch kann man inzwischen auch Blumen, Obst, Gemüse, Pflanzen und Kleidung kaufen. Bei einem Besuch in Hamburg ist eine Rundfahrt durch das riesige Hafenbecken ein unbe-dingtes Muss.

Hagenbecks Tierpark

Elbtunnel

Elbe

Hamburger Hafen

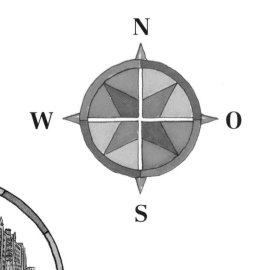

N
W   O
S

Tierpark Hagenbeck

In Hamburg-Stellingen kann man den ältesten Tierpark Deutschlands besuchen. Im Gegensatz zu allen anderen Zoos seiner Zeit, in denen die exotischen Tiere in Käfige gesperrt wurden, hatte Hagenbeck als einziger Freigehege, in denen die Tiere nur durch Gräben vom Besucher getrennt umherliefen. Der vom Hamburger Tierhändler Carl Hagenbeck im Jahre 1907 eröffnete Zoo war viele Jahre auch Rückzugsstätte für Zirkustiere, denn der Parkgründer betrieb außerdem ein bekanntes Zirkusunternehmen.

Hamburger Michel

Seit 339 Jahren gibt es die Kirche St. Michaelis – das als Michel bekannte Wahrzeichen von Hamburg. Die prachtvolle Barockkirche wurde 1661 erstmals eingeweiht. Der Michel, im Laufe der Zeit durch Brand und Bomben beschädigt, wurde immer wieder aufgebaut. Der Kirchturm des Michels ist 132 Meter hoch und trägt die größte Turmuhr Deutschlands.

Elbtunnel

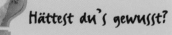

Wenn man vom Elbtunnel spricht, dann meint man meistens den mehrspurigen Autobahntunnel, der auf 3,5 Kilometern unter der Elbe hindurchführt und durch den jeden Tag über 100.000 Fahrzeuge rasen. Doch es gibt auch einen so genannten Alten Elbtunnel, am Ende der St.-Pauli-Landungsbrücken. Mit dem 1911 errichteten Bauwerk können Hafenarbeiter noch heute ohne Schiff die Nordelbe zwischen St. Pauli und Steinwerder unterqueren. Seine Besonderheit ist der große Aufzug, in dem Autos und Fußgänger nach oben bzw. unten transportiert werden können.

St. Michaels-Kirche

Alster

Kunsthalle

Institut für Schiffs- und Tropenkrankheiten

Hamburger Sternwarte

Speicherstadt

Fischmarkt

Elbe

? Hättest du's gewusst?

Was bedeutet „eine Ladung löschen"?

Hat der Hamburger, den es zum Beispiel bei McDonald's oder Burger King gibt, irgendwas mit der Stadt Hamburg zu tun?

In Hamburg werden einige bekannte Musicals aufgeführt. Wie heißt das bekannteste?

Die Antworten findest du auf Seite 90 - 91.

Mecklenburg-Vorpommern

Das Bundesland im Nordosten Deutschlands ist ein beliebtes Urlaubsgebiet. Nicht nur wegen der schönen Naturstrände an der Ostsee reisen viele Menschen in diese malerische Gegend. Auch unzählige Seen, Waldreservate und andere reizvolle Landschaften machen dieses schöne Land mit seinen großen Hansestädten Wismar, Rostock und Stralsund zu einem bevorzugten Reiseziel. Und da es in Mecklenburg-Vorpommern fast keine Berge gibt, kann man auch besonders gut Rad fahren, ohne bergauf strampeln zu müssen.

Ostsee

Seeadler

Seebad Heiligendamm

Kühlungsborn   Heiligendamm

Bad Doberan

Rostocker Überseehafen/ Werften

Rostock

Schmalspurbahn „Molli"

Doberaner Münster   Güstrow

Schwerin

0   25   50 km

N

W   O

S

Schweriner Schloss

Schwebender Engel (Plastik von Ernst Barlach) im Dom zu Güstrow

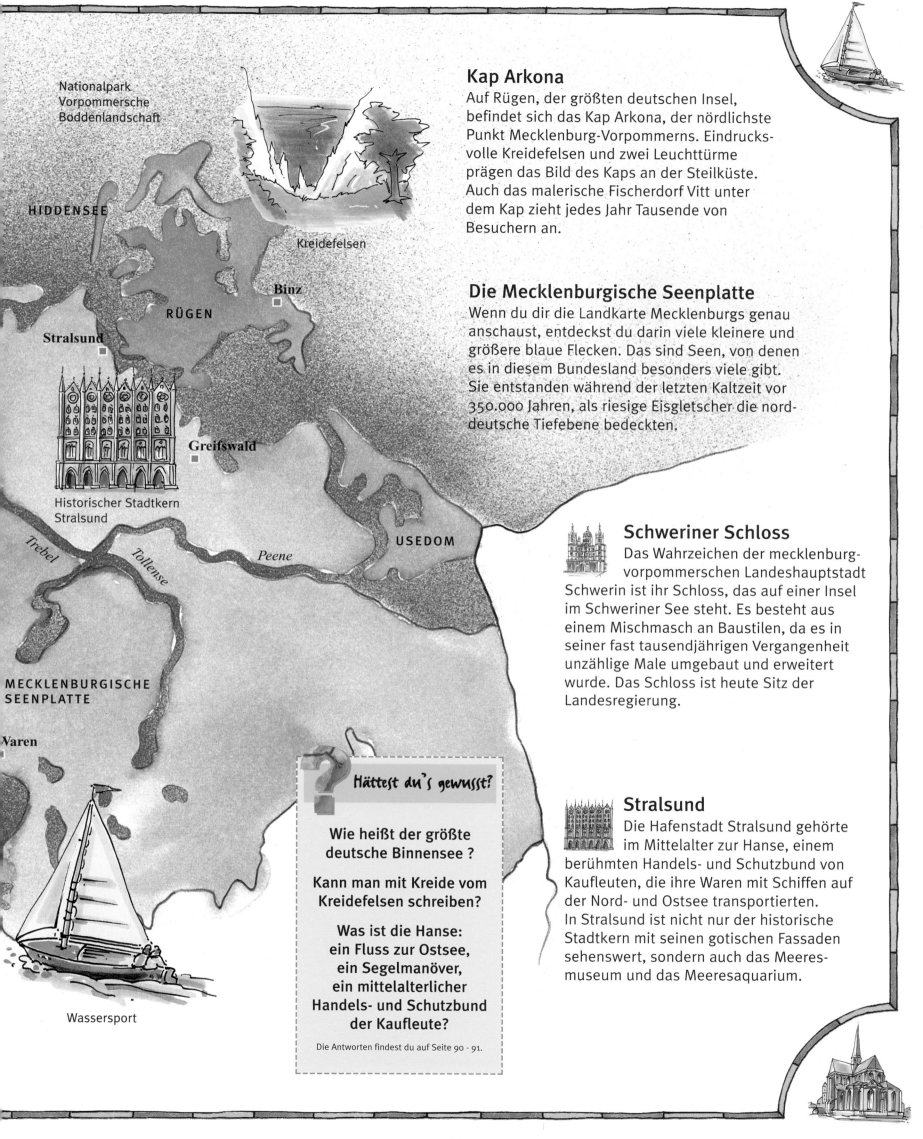

Kap Arkona

Auf Rügen, der größten deutschen Insel, befindet sich das Kap Arkona, der nördlichste Punkt Mecklenburg-Vorpommerns. Eindrucksvolle Kreidefelsen und zwei Leuchttürme prägen das Bild des Kaps an der Steilküste. Auch das malerische Fischerdorf Vitt unter dem Kap zieht jedes Jahr Tausende von Besuchern an.

Die Mecklenburgische Seenplatte

Wenn du dir die Landkarte Mecklenburgs genau anschaust, entdeckst du darin viele kleinere und größere blaue Flecken. Das sind Seen, von denen es in diesem Bundesland besonders viele gibt. Sie entstanden während der letzten Kaltzeit vor 350.000 Jahren, als riesige Eisgletscher die norddeutsche Tiefebene bedeckten.

Schweriner Schloss

Das Wahrzeichen der mecklenburg-vorpommerschen Landeshauptstadt Schwerin ist ihr Schloss, das auf einer Insel im Schweriner See steht. Es besteht aus einem Mischmasch an Baustilen, da es in seiner fast tausendjährigen Vergangenheit unzählige Male umgebaut und erweitert wurde. Das Schloss ist heute Sitz der Landesregierung.

Stralsund

Die Hafenstadt Stralsund gehörte im Mittelalter zur Hanse, einem berühmten Handels- und Schutzbund von Kaufleuten, die ihre Waren mit Schiffen auf der Nord- und Ostsee transportierten. In Stralsund ist nicht nur der historische Stadtkern mit seinen gotischen Fassaden sehenswert, sondern auch das Meeresmuseum und das Meeresaquarium.

Hättest du's gewusst?

Wie heißt der größte deutsche Binnensee?

Kann man mit Kreide vom Kreidefelsen schreiben?

Was ist die Hanse: ein Fluss zur Ostsee, ein Segelmanöver, ein mittelalterlicher Handels- und Schutzbund der Kaufleute?

Die Antworten findest du auf Seite 90 - 91.

Nationalpark Vorpommersche Boddenlandschaft

HIDDENSEE

Kreidefelsen

Binz

RÜGEN

Stralsund

Greifswald

Historischer Stadtkern Stralsund

Trebel

Tollense

Peene

USEDOM

MECKLENBURGISCHE SEENPLATTE

Waren

Wassersport

Niedersachsen

Niedersachsen hat eine reizvolle und in vielen Gegenden fast unberührte Natur. Die Lüneburger Heide, die Landschaft zwischen den Flüssen Elbe und Ems, dem Harz und der Nordsee prägen das Land und ziehen alljährlich viele Touristen an. Die Landeshauptstadt Hannover ist eine Messestadt von internationaler Bedeutung, in der u.a. die Weltausstellung Expo 2000 stattfand. Weit über die Grenzen Deutschlands hinaus kennt man die Autos, die im Wolfsburger Volkswagen-Werk herge-stellt werden. Bekannt ist auch der Rattenfänger von Hameln, der die Kinder der Stadt entführte, weil man ihm den Lohn für seine Arbeit nicht zahlte. Von Mai bis September wird das Märchen vom Rattenfänger jeden Sonntag pünktlich um zwölf Uhr in der Altstadt aufgeführt.

Nordsee

OSTFRIESISCHE INSELN

Nationalpark
Niedersächsisches
Wattenmeer

Wilhelmshaven

OSTFRIESLAND

Emden

Erdölhafen
Wilhelmshaven

Oldenburg

Ems

Meppen

Milchkuh

Stiftskirche St. Michael
in Hildesheim

N

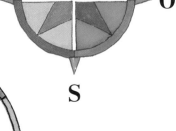

W   O

S

 ### Heidepark Soltau
Am Rande der Lüne-burger Heide steht einer der größten Freizeitparks Deutschlands. Auf dem Ge-lände des Heideparks gibt es viele Attraktionen für Jung und Alt – von A wie Achterbahnen bis Z wie Zirkusvorführungen.

 ### Kaiserpfalz Goslar
Bereits im ersten Jahrhundert n. Chr. war Goslar ein bekanntes Berg-dorf, das am Fuße eines großen Silberbergwerks lag. Seine wirtschaftliche Be-deutung war der Grund dafür, dass Kaiser Heinrich II. hier im 12. Jahrhundert einen seiner Wohnsitze, die Kaiserpfalz, errichten ließ.

0   15   30   45   60 km

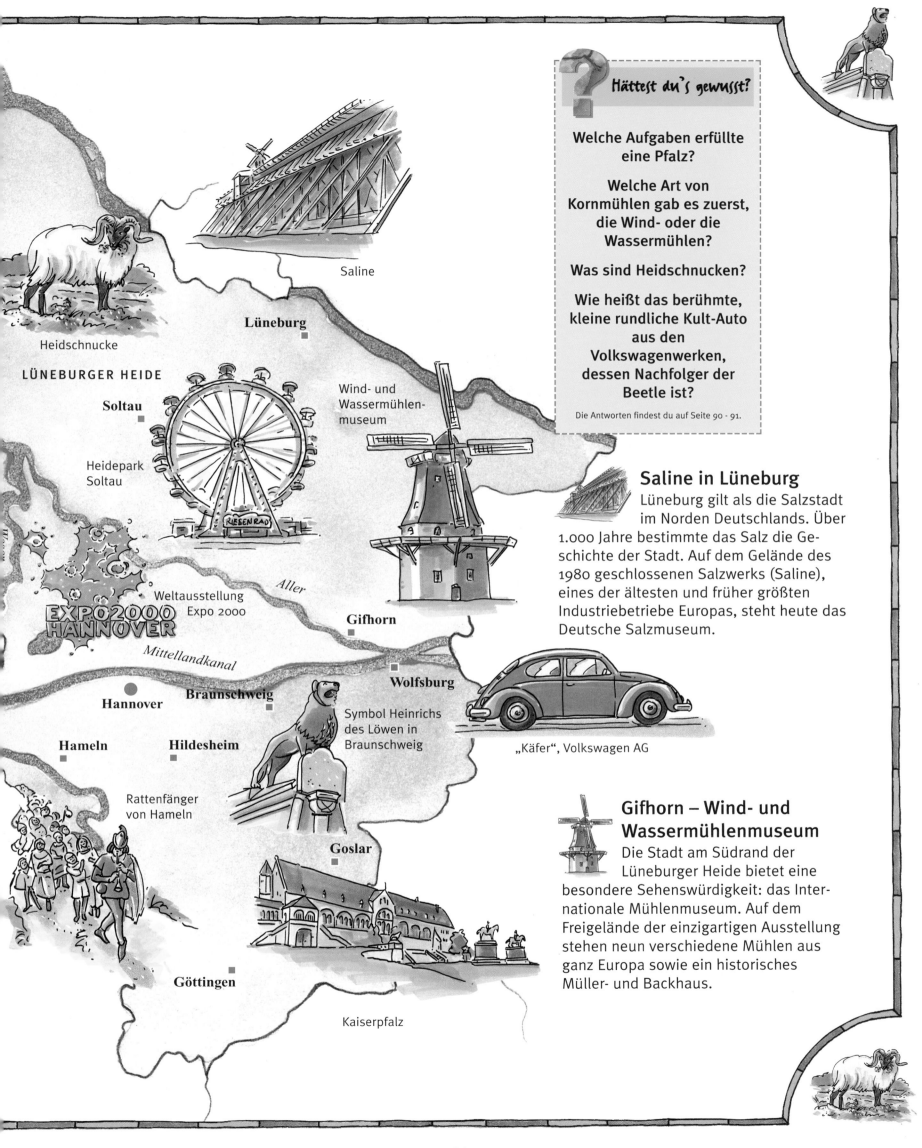

Saline

Hättest du's gewusst?

Welche Aufgaben erfüllte eine Pfalz?

Welche Art von Kornmühlen gab es zuerst, die Wind- oder die Wassermühlen?

Was sind Heidschnucken?

Wie heißt das berühmte, kleine rundliche Kult-Auto aus den Volkswagenwerken, dessen Nachfolger der Beetle ist?

Die Antworten findest du auf Seite 90 - 91.

Heidschnucke

LÜNEBURGER HEIDE

Lüneburg

Soltau

Heidepark Soltau

Wind- und Wassermühlenmuseum

Aller

Weltausstellung Expo 2000

EXPO2000 HANNOVER

Gifhorn

Mittellandkanal

Hannover

Braunschweig

Wolfsburg

Hameln

Hildesheim

Symbol Heinrichs des Löwen in Braunschweig

Rattenfänger von Hameln

Goslar

Göttingen

Kaiserpfalz

Saline in Lüneburg

Lüneburg gilt als die Salzstadt im Norden Deutschlands. Über 1.000 Jahre bestimmte das Salz die Geschichte der Stadt. Auf dem Gelände des 1980 geschlossenen Salzwerks (Saline), eines der ältesten und früher größten Industriebetriebe Europas, steht heute das Deutsche Salzmuseum.

„Käfer", Volkswagen AG

Gifhorn – Wind- und Wassermühlenmuseum

Die Stadt am Südrand der Lüneburger Heide bietet eine besondere Sehenswürdigkeit: das Internationale Mühlenmuseum. Auf dem Freigelände der einzigartigen Ausstellung stehen neun verschiedene Mühlen aus ganz Europa sowie ein historisches Müller- und Backhaus.

Bremen

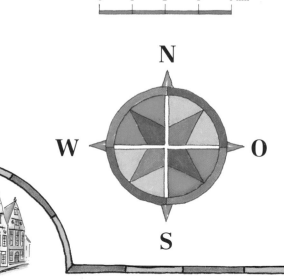

Bremer Stadtmusikanten

Esel, Hund, Katze und Hahn tun sich zusammen und ziehen in die Welt, weil ihnen zu Hause der Tod droht. Das Märchen von den Bremer Stadtmusikanten ist in vielen Ländern bekannt. Ein Denkmal der vier wackeren Tiere steht an der Westseite des Rathauses.

Zur „Freien Hansestadt Bremen", dem kleinsten Bundesland Deutschlands, gehören die Landesteile Bremen und Bremerhaven, die geprägt sind von Seefahrt und Handel. Das Rathaus und die Böttcherstraße gehören neben dem Dom und den eindrucksvollen Bürgerhäusern zu den Hauptsehenswürdigkeiten Bremens. Der Marktplatz zählt zu den schönsten Europas. Bremerhaven, Bremens Hauptverbindungsstelle zum Meer, besitzt die größte zusammenhängende Container-umschlagshalle Europas – hier können Schiffe in Rekordzeit be- und entladen werden.

Rolandsäule

Lesum

Hafen

Segelschulschiff „Deutschland"

```
0   1   2   3   4 km
```

N
W   O
S

Roland

Das Standbild des Roland am Bremer Markt, aufgestellt 1405, ist das Symbol für Freiheit und Wohl-stand der Stadt. Er ist – ebenso wie das Denkmal der Bremer Stadtmusikanten – Wahrzeichen der Stadt Bremen.

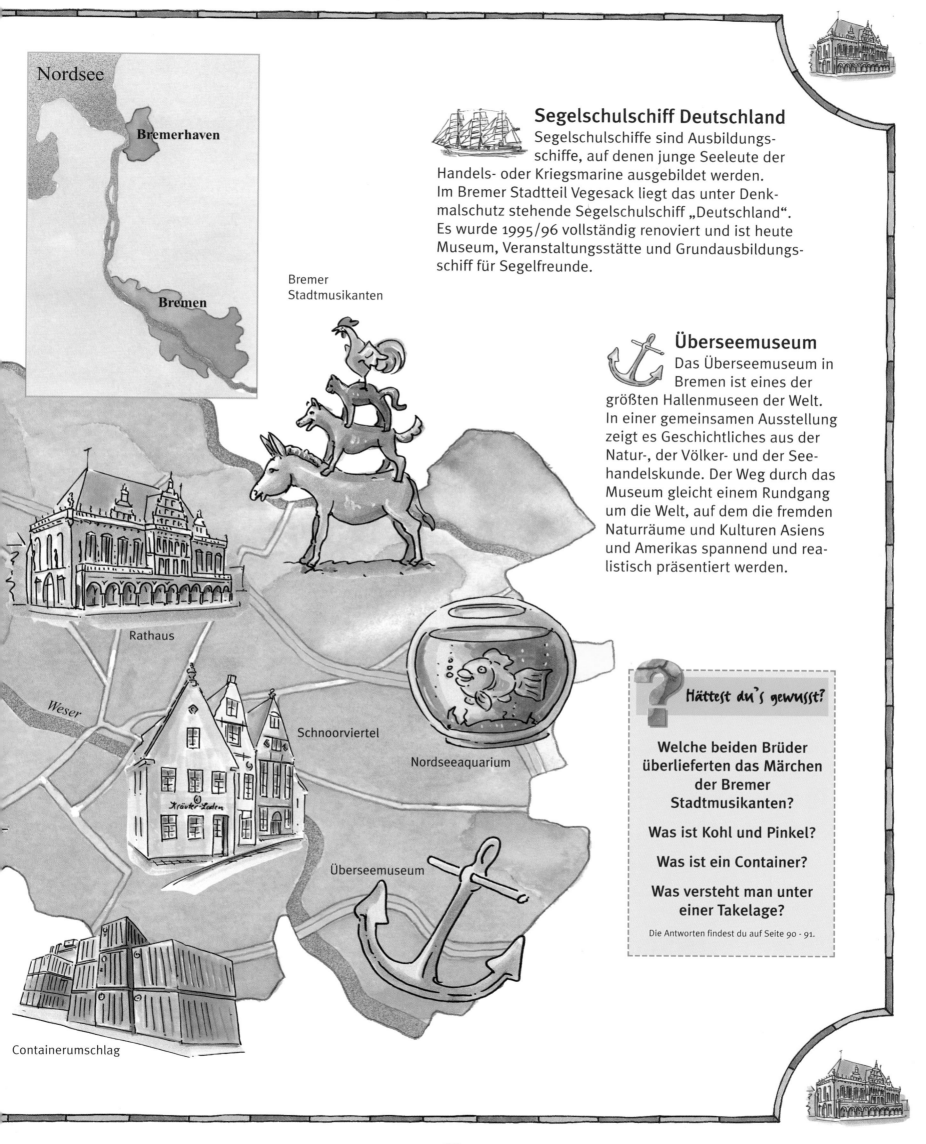

Nordsee

Bremerhaven

Bremen

Segelschulschiff Deutschland

Segelschulschiffe sind Ausbildungs-
schiffe, auf denen junge Seeleute der
Handels- oder Kriegsmarine ausgebildet werden.
Im Bremer Stadtteil Vegesack liegt das unter Denk-
malschutz stehende Segelschulschiff „Deutschland".
Es wurde 1995/96 vollständig renoviert und ist heute
Museum, Veranstaltungsstätte und Grundausbildungs-
schiff für Segelfreunde.

Überseemuseum

Das Überseemuseum in
Bremen ist eines der
größten Hallenmuseen der Welt.
In einer gemeinsamen Ausstellung
zeigt es Geschichtliches aus der
Natur-, der Völker- und der See-
handelskunde. Der Weg durch das
Museum gleicht einem Rundgang
um die Welt, auf dem die fremden
Naturräume und Kulturen Asiens
und Amerikas spannend und rea-
listisch präsentiert werden.

Bremer
Stadtmusikanten

Rathaus

Weser

Schnoorviertel

Nordseeaquarium

Überseemuseum

Containerumschlag

Hättest du's gewusst?

**Welche beiden Brüder
überlieferten das Märchen
der Bremer
Stadtmusikanten?**

Was ist Kohl und Pinkel?

Was ist ein Container?

**Was versteht man unter
einer Takelage?**

Die Antworten findest du auf Seite 90 - 91.

Sachsen-Anhalt

Sachsen-Anhalt grenzt im Norden und Osten an Brandenburg, im Süden an Sachsen und Thüringen sowie im Westen an das Bundesland Niedersachsen. Sachsen-Anhalt ist besonders reich an Burgen, Burgruinen, Stiftskirchen, Kathedralen und Schlössern. Die Dome in Magdeburg, Naumburg und Merseburg sind weit über die Region hinaus bekannt. Hier konzentrierte sich aber auch im 20. Jahrhundert die mitteldeutsche Chemieindustrie, z.B. in Leuna bei Merseburg. Sagenumwoben ist der Harz, das nördlichste deutsche Mittelgebirge. Auf seinem höchsten Berg, dem Brocken (1 142 m), sollen zur Walpurgisnacht die Hexen tanzen.

0   10   20   30   40 km

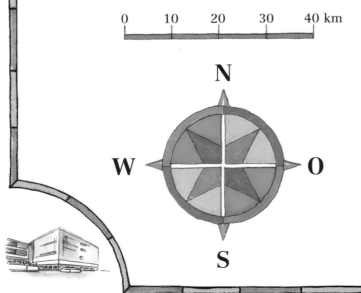

Harzquer- und Brockenbahn
Die Harzquer-, die Selketal- und die Brockenbahn befahren auf knapp 132 Kilometern das Streckennetz der Harzer Schmalspurbahnen, dem längsten zusammenhängenden Schmalspurbahnstreckennetz in Deutschland. Insgesamt sind noch 25 denkmalgeschützte Dampflokomotiven, 6 Triebwagen, 16 Diesellokomotiven und viele historische Personenwagen in Betrieb, die nach einem festen Fahrplan verkehren.

Rathaus Wernigerode

Luther-Denkmal Wittenberg
In Wittenberg wirkte der große deutsche Kirchenreformator Martin Luther (1483-1546). Berühmt sind seine „95 Thesen", mit denen er sich gegen die „entfremdete" katholische Kirche wandte. Bekannt ist Luther auch durch seine Übersetzung des Neuen Testaments aus dem Griechischen, mit der er die Bibel für alle Bürger zugänglich machte. Das Luther-Denkmal befindet sich in der Mitte des Marktplatzes von Wittenberg.

Wernigerode

Brocken
1 142 m

Quedlinburger Domschatz
Die Stiftskirche St. Servatius in Quedlinburg beherbergt einen der künstlerisch wertvollsten Kirchenschätze des Mittelalters. Die seltenen Kleinodien wurden 1945, gegen Ende des 2. Weltkrieges, gestohlen. Erst 45 Jahre später entdeckte man die kostbaren Gegenstände aus Gold, Silber, Elfenbein und Bergkristall in den USA. 1992 gelang schließlich die Rückführung nach Deutschland.

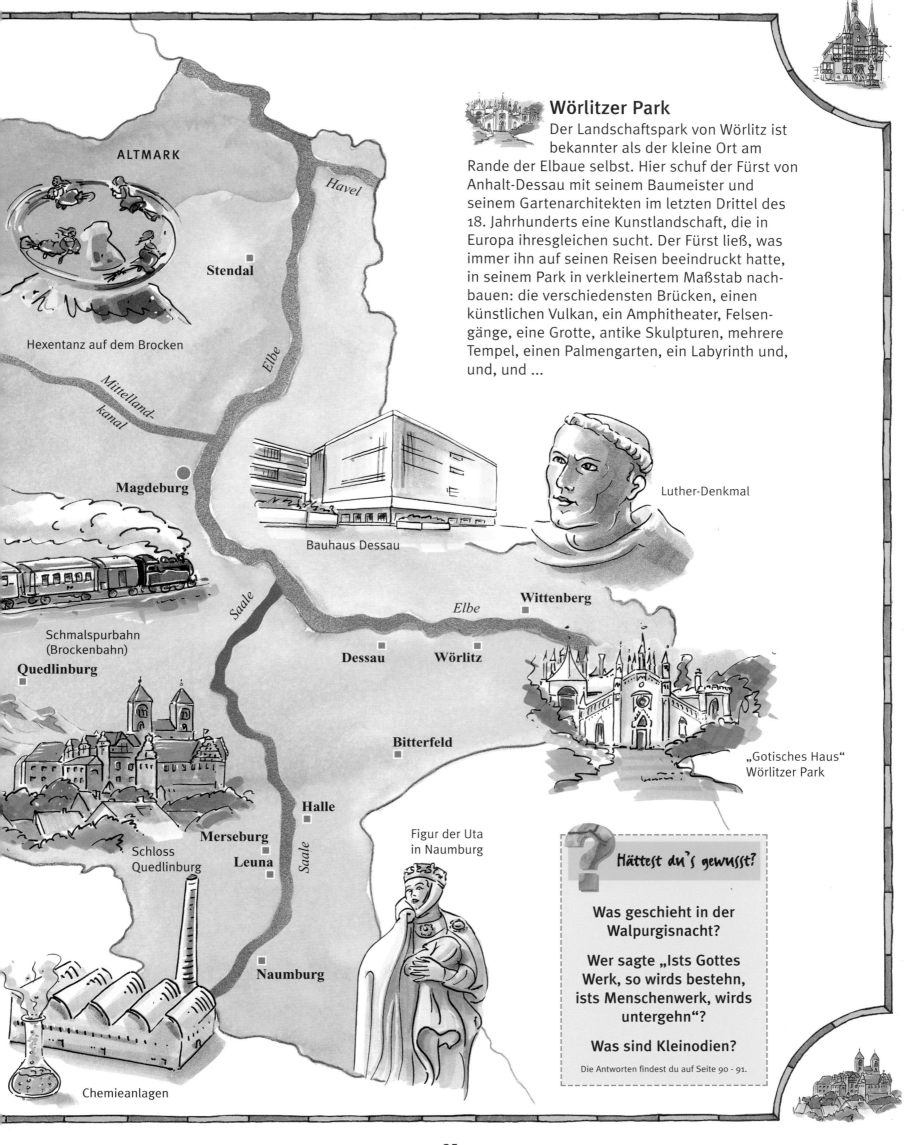

ALTMARK

Hexentanz auf dem Brocken

Havel

Stendal

Elbe

Mittelland-
kanal

Magdeburg

Bauhaus Dessau

Luther-Denkmal

Saale

Schmalspurbahn
(Brockenbahn)

Quedlinburg

Elbe

Wittenberg

Dessau   Wörlitz

Bitterfeld

„Gotisches Haus"
Wörlitzer Park

Schloss
Quedlinburg

Halle

Merseburg

Leuna

Saale

Figur der Uta
in Naumburg

Naumburg

Chemieanlagen

Wörlitzer Park

Der Landschaftspark von Wörlitz ist bekannter als der kleine Ort am Rande der Elbaue selbst. Hier schuf der Fürst von Anhalt-Dessau mit seinem Baumeister und seinem Gartenarchitekten im letzten Drittel des 18. Jahrhunderts eine Kunstlandschaft, die in Europa ihresgleichen sucht. Der Fürst ließ, was immer ihn auf seinen Reisen beeindruckt hatte, in seinem Park in verkleinertem Maßstab nachbauen: die verschiedensten Brücken, einen künstlichen Vulkan, ein Amphitheater, Felsengänge, eine Grotte, antike Skulpturen, mehrere Tempel, einen Palmengarten, ein Labyrinth und, und, und ...

? Hättest du's gewusst?

Was geschieht in der Walpurgisnacht?

Wer sagte „Ists Gottes Werk, so wirds bestehn, ists Menschenwerk, wirds untergehn"?

Was sind Kleinodien?

Die Antworten findest du auf Seite 90 - 91.

Schiffshebewerk Niederfinow

Ein Schiffshebewerk ist eine tolle Sache: Wie ein Fahrstuhl befördert es Schiffe nach oben oder unten, um Höhenunterschiede im Flusslauf auszugleichen. In Niederfinow befindet sich so ein „Schiffsaufzug" der innerhalb von 5 Minuten ein Schiff um 36 Meter hebt oder senkt und der als technisches Wunderwerk gilt. 1934 nach achtjähriger Bauzeit eröffnet, war es das weltweit größte Schiffshebewerk seiner Zeit.

Rheinsberg

PRIGNITZ

Theodor Fontane „Wanderungen durch die Mark Brandenburg"

Brandenburg

Brandenburg weist eine geographische Besonderheit auf: Das Bundesland umschließt unsere Hauptstadt Berlin, die aber einen eigenständigen Stadtstaat bildet. Deshalb hat Brandenburg eine eigene Landeshauptstadt: Potsdam. Hier befindet sich u.a. die bekannteste Sehenswürdigkeit des Landes: das Schloss Sanssouci. Mit dem Spreewald besitzt Brandenburg außerdem eine der außergewöhnlichsten Naturlandschaften Deutschlands.

HAVELLAND

Rathenow

Optische Industrie

Havel

Schloss Sanssouci

N

W **O**

S

0   10   20   30   40 km

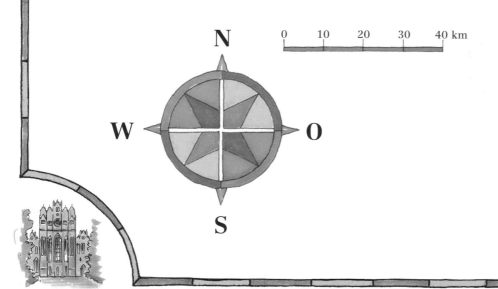

Spreewald

Der Spreewald ist eine der faszinierendsten Landschaften Europas und breitet sich etwa 100 Kilometer südöstlich von Berlin aus. Der Spreewald ist ein urwaldartiges Binnendelta, in dem sich auf engstem Raum ein über 1.000 Kilometer langes Wasserwegenetz befindet. Hier winden sich Wasserarme und Kanäle wie ein großes Labyrinth durch Wiesen, Wälder, Äcker und Dörfer. Das typische Transportmittel ist seit jeher der flache Holzkahn, der mit einem so genannten Holrudel (Stake), einem langen Stock, fortbewegt wird.

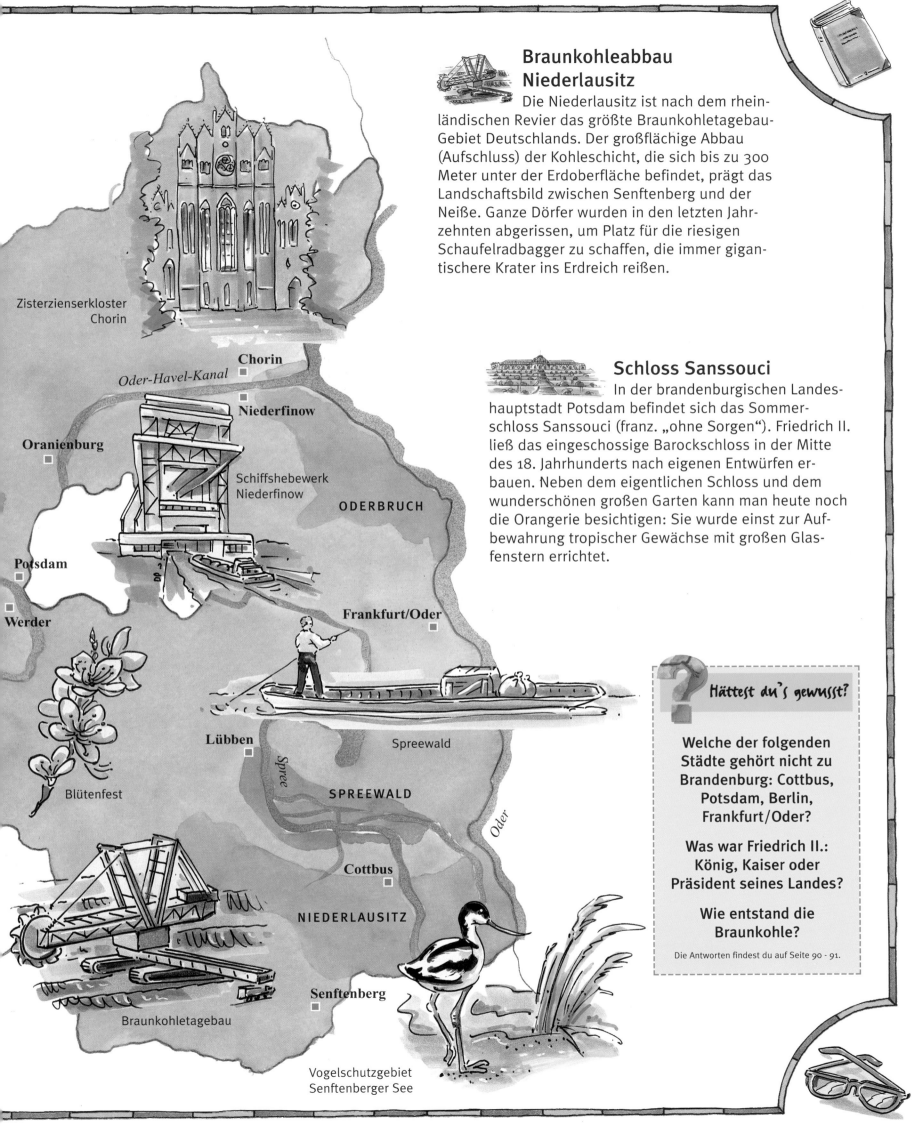

Braunkohleabbau Niederlausitz

Die Niederlausitz ist nach dem rheinländischen Revier das größte Braunkohletagebau-Gebiet Deutschlands. Der großflächige Abbau (Aufschluss) der Kohleschicht, die sich bis zu 300 Meter unter der Erdoberfläche befindet, prägt das Landschaftsbild zwischen Senftenberg und der Neiße. Ganze Dörfer wurden in den letzten Jahrzehnten abgerissen, um Platz für die riesigen Schaufelradbagger zu schaffen, die immer gigantischere Krater ins Erdreich reißen.

Schloss Sanssouci

In der brandenburgischen Landeshauptstadt Potsdam befindet sich das Sommerschloss Sanssouci (franz. „ohne Sorgen"). Friedrich II. ließ das eingeschossige Barockschloss in der Mitte des 18. Jahrhunderts nach eigenen Entwürfen erbauen. Neben dem eigentlichen Schloss und dem wunderschönen großen Garten kann man heute noch die Orangerie besichtigen: Sie wurde einst zur Aufbewahrung tropischer Gewächse mit großen Glasfenstern errichtet.

Zisterzienserkloster Chorin

Chorin

Oder-Havel-Kanal

Niederfinow

Oranienburg

Schiffshebewerk Niederfinow

ODERBRUCH

Potsdam

Werder

Frankfurt/Oder

Blütenfest

Lübben

Spreewald

Spree

SPREEWALD

Oder

Cottbus

NIEDERLAUSITZ

Senftenberg

Braunkohletagebau

Vogelschutzgebiet Senftenberger See

Hättest du's gewusst?

Welche der folgenden Städte gehört nicht zu Brandenburg: Cottbus, Potsdam, Berlin, Frankfurt/Oder?

Was war Friedrich II.: König, Kaiser oder Präsident seines Landes?

Wie entstand die Braunkohle?

Die Antworten findest du auf Seite 90 - 91.

Reichstagsgebäude

Das Reichstagsgebäude, gegen Ende des 19. Jahrhunderts gebaut und beim Reichstagsbrand 1933 teilweise zerstört, wurde nach dem Umzug von Bonn nach Berlin neuer Parlamentssitz des wiedervereinigten Deutschland. Beliebt bei Besuchern ist die neu gestaltete, gläserne Kuppel über dem Sitzungssaal des Bundestags.

Berlin

Berlin ist nicht nur die Hauptstadt Deutschlands, sondern auch ein eigenständiges Bundesland. Wie eine Insel lag die Stadt seit dem Bau der Berliner Mauer 1961 bis zur Öffnung 1989 im Staatsgebiet der ehemaligen DDR und wurde die „geteilte Stadt" genannt. Der Ostteil war Hauptstadt der DDR, im abgetrennten Westteil galt die Rechtsordnung der Bundesrepublik Deutschland. Nach der Wiedervereinigung besitzt Berlin nun 3,4 Millionen Einwohner und ist die größte Metropole Deutschlands.

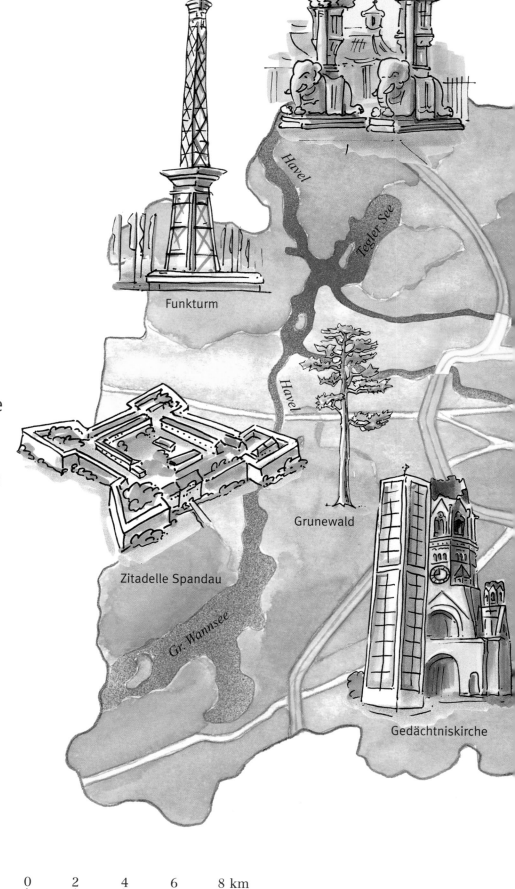

Zoologischer Garten

Havel

Tegler See

Funkturm

Havel

Grunewald

Zitadelle Spandau

Gr. Wannsee

Gedächtniskirche

N

W   O

S

0   2   4   6   8 km

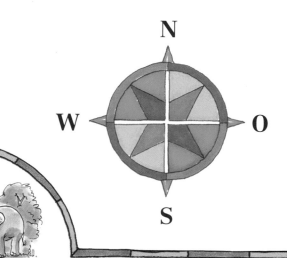

Ku'damm

Der Kurfürstendamm, kurz Ku'damm genannt, ist die bekannteste Straße Berlins. Der 3,5 Kilometer lange Boulevard war ursprünglich ein im 16. Jahrhundert angelegter Dammweg zum kurfürstlichen Schloss im Grunewald. Heute ist sie eine beliebte Einkaufsstraße.

Reichstag (Parlamentssitz)

Brandenburger Tor

Das Wahrzeichen Berlins, das im 18. Jahrhundert als Stadttor errichtet wurde, war lange Zeit Symbol für die Teilung der Stadt. Hier verlief die Mauer. Auf dem Dach des Tores sieht man ein geflügeltes Wesen auf einem Wagen, der von vier Pferden gezogen wird: eine so genannte „Quadriga".

Siegessäule

Brandenburger Tor

Fernsehturm

Pergamonaltar

Weiße Flotte

Tierpark Berlin

Spree

Gr. Müggelsee

Hättest du's gewusst?

Berlin ist ein eigenständiges Bundesland. Wie wird die Regierung Berlins genannt?

Wie nennen die Berliner das nach ihnen benannte Hefegebäck mit Marmeladenfüllung?

Wie heißt der Künstler, der das Reichstagsgebäude vollständig in Folie einpacken ließ?

Kennst du das Wappentier Berlins?

Die Antworten findest du auf Seite 90 · 91.

Zitadelle Spandau

Nordöstlich der Spandauer Altstadt liegt die Zitadelle, ein Renaissance-Gebäude, das auf den Trümmern einer mittelalterlichen Burg errichtet wurde. Das Wahrzeichen Spandaus diente früher auch als Regierungssitz des Kurfürsten.

Nordrhein-Westfalen

Nordrhein-Westfalen ist mit seinen rund 18 Millionen Einwohnern bei weitem das bevölkerungsstärkste Bundesland, eine Großstadt grenzt oft an die andere. Düsseldorf ist die Hauptstadt des Landes, wirtschaftliches und kulturelles Zentrum ist das Ruhrgebiet.
Leverkusen, Sitz des Chemieunternehmens Bayer AG, ist eine der bekanntesten Industriestädte in ganz Deutschland. Das Rothaargebirge zwischen Flüssen Rhein und Weser ist die grüne Lunge des Landes. Berühmt sind nicht nur der Kölner Dom und der dortige Karneval, sondern auch die Schwerter, Messer und Bestecke die in Solingen seit dem 16. Jahrhundert hergestellt werden.

Hermannsdenkmal

Auf der Grotenburg im Teutoburger Wald errichteten die Bürger der Stadt Bandel im 19. Jahrhundert das Nationaldenkmal für den Cheruskerfürsten Arminius, der fälschlich auch Hermann genannt wurde. Arminius war Befehlshaber der Germanen, die im Herbst des Jahres 9 n. Chr. in der berühmten Schlacht im Teutoburger Wald ein römisches Heer von etwa 20.000 Mann schlugen.

Flughafen Köln/Bonn

Rhein

Lippe

RUHRGEBIET

Duisburg

Essen

Bochum

Schneid- und Besteckwarenindustrie

Wuppertal

Mönchengladbach

Düsseldorf

Solingen

Kölner Dom

Leverkusen

Köln

Brühl

Aachen

Kölner Dom

Bonn

Aachener Dom

RIESEN LOOPING

Phantasialand

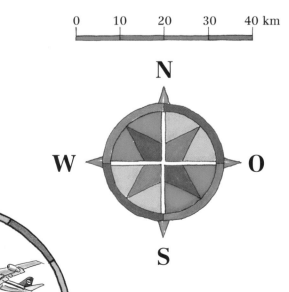

0 10 20 30 40 km

N

W O

S

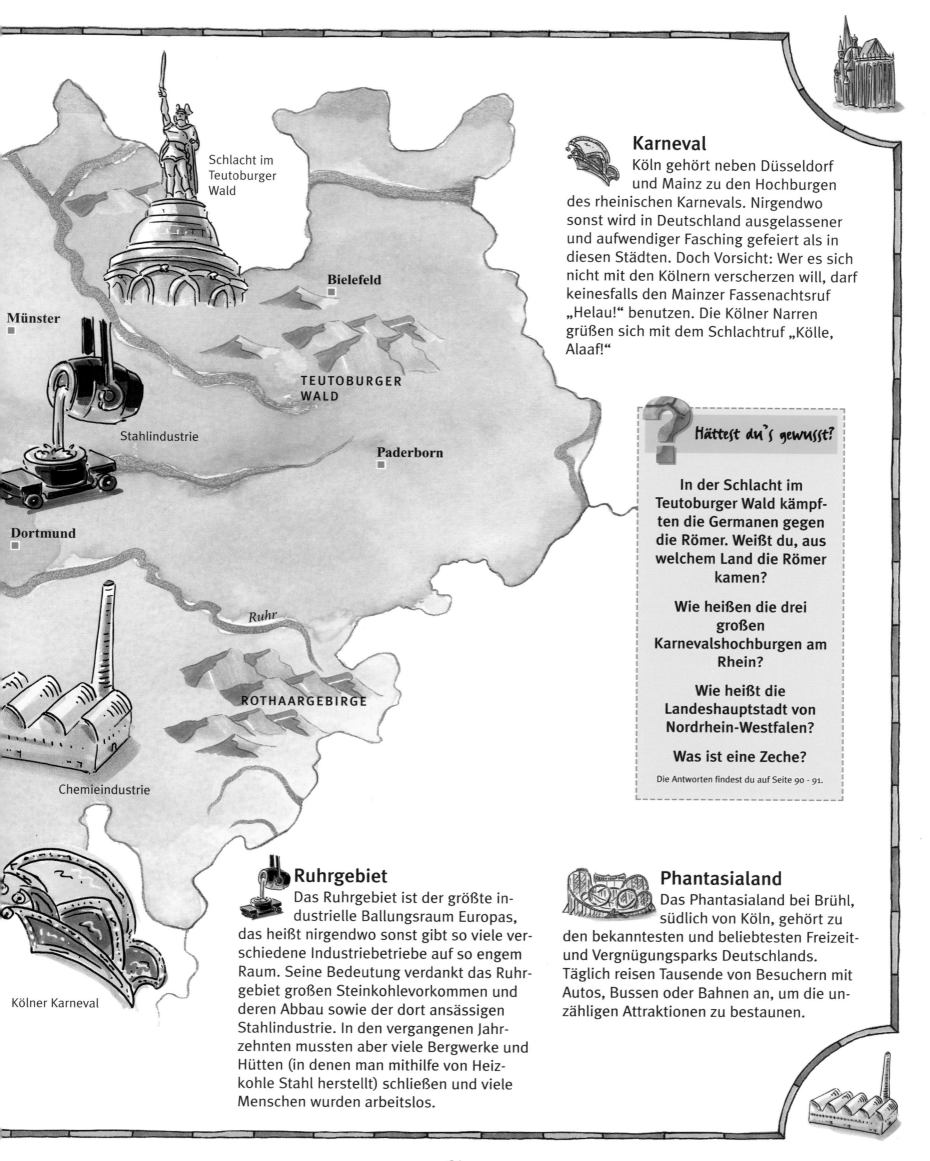

Schlacht im Teutoburger Wald

Bielefeld

Münster

Stahlindustrie

TEUTOBURGER WALD

Paderborn

Dortmund

Ruhr

ROTHAARGEBIRGE

Chemieindustrie

Kölner Karneval

Karneval

Köln gehört neben Düsseldorf und Mainz zu den Hochburgen des rheinischen Karnevals. Nirgendwo sonst wird in Deutschland ausgelassener und aufwendiger Fasching gefeiert als in diesen Städten. Doch Vorsicht: Wer es sich nicht mit den Kölnern verscherzen will, darf keinesfalls den Mainzer Fassenachtsruf „Helau!" benutzen. Die Kölner Narren grüßen sich mit dem Schlachtruf „Kölle, Alaaf!"

? Hättest du's gewusst?

In der Schlacht im Teutoburger Wald kämpften die Germanen gegen die Römer. Weißt du, aus welchem Land die Römer kamen?

Wie heißen die drei großen Karnevalshochburgen am Rhein?

Wie heißt die Landeshauptstadt von Nordrhein-Westfalen?

Was ist eine Zeche?

Die Antworten findest du auf Seite 90 - 91.

Ruhrgebiet

Das Ruhrgebiet ist der größte industrielle Ballungsraum Europas, das heißt nirgendwo sonst gibt so viele verschiedene Industriebetriebe auf so engem Raum. Seine Bedeutung verdankt das Ruhrgebiet großen Steinkohlevorkommen und deren Abbau sowie der dort ansässigen Stahlindustrie. In den vergangenen Jahrzehnten mussten aber viele Bergwerke und Hütten (in denen man mithilfe von Heizkohle Stahl herstellt) schließen und viele Menschen wurden arbeitslos.

Phantasialand

Das Phantasialand bei Brühl, südlich von Köln, gehört zu den bekanntesten und beliebtesten Freizeit- und Vergnügungsparks Deutschlands. Täglich reisen Tausende von Besuchern mit Autos, Bussen oder Bahnen an, um die unzähligen Attraktionen zu bestaunen.

Thüringen

In Thüringen gibt es viele bedeutende Städte, die eine lange Geschichte haben: so zum Beispiel die Landeshauptstadt Erfurt, Gotha, die Universitätsstadt Jena und die Klassikerstadt Weimar, in der Johann Wolfgang Goethe und Friedrich Schiller lebten. Thüringen wird oft das „grüne Herz Deutschlands" genannt. Diesen Ruf verdankt es dem Kyffhäusergebirge, dem Südharz und vor allem dem Thüringer Wald, berühmt durch den 168 Kilometer langen Wanderweg Rennsteig. Die fast 1000 Jahre alte, nahezu vollständig erhaltene Wartburg über der Stadt Eisenach ist eine der größten Touristenattraktionen Thüringens.

0   10   20   30   40 km

Kyffhäuser-Denkmal

Wandern auf dem Rennsteig

Eisenach

Wartburg bei Eisenach

Jagdwaffenherstellung

Suhl

THÜRINGER WALD

N

W   O

S

Puppenmuseum Arnstadt
International bekannt ist das Puppenmuseum „Mon Plaisir" (franz., „mein Vergnügen"), in dem in 80 Stuben über 400 alte Puppen zu bewundern sind. Eine Miniaturstadt zeigt das Leben im 18. Jahrhundert am Hofe, von Bürgern, Handwerkern und Bauern.

Optische Industrie Jena

Seit über 150 Jahren ist Jena das deutsche Zentrum der Optik- und Glasindustrie. Den Anfang machte Carl Zeiß, der hier 1846 seine optische Werkstatt gründete. Jena ist nicht nur der Sitz von „Jenoptik", einem der größten feinmechanisch-optisch-elektronischen Betriebe der Welt; in Jena gibt es auch eine Fachschule für Augenoptik und ein berühmtes Glaswerk. Das so genannte Jenaer Glas gilt als feuerfest und besonders widerstandsfähig.

Kyffhäuser

Der Kyffhäuser ist ein stark bewaldeter Bergrücken am Nordostrand des Thüringer Waldes. Die Sage behauptet, dass der frühere Stauferkaiser Friedrich II. tief im Kyffhäuser-Berg mitsamt seinem Gefolge schläft und dort auf seine Wiederkehr wartet. Später wurde die Sage auf seinen Großvater, Friedrich I. Barbarossa übertragen. Nach ihm ist die eindrucksvolle Barbarossa-Höhle benannt, die sich in dem 447 Meter hohen Kyffhäuser befindet.

Kyffhäuser
477 m

Krämerbrücke

Weimar

Erfurt

Jena

Goethe-Schiller-Denkmal

Gera

Arnstadt

Saale

Puppenmuseum

optische Industrie

Hättest du's gewusst?

Wer waren die Krämer?

Kennst du den Spitznamen von Kaiser Friedrich I.?

Welches Nahrungsmittel ist nach dem Bundesland Thüringen benannt?

Die Antworten findest du auf Seite 90 - 91.

Krämerbrücke Erfurt

In Erfurt steht die einzige mit Wohnhäusern bebaute Brücke Deutschlands – die im 14. Jahrhundert errichtete Krämerbrücke. Die erste und zweite Bebauung wurde durch mehrere Brände zerstört. Die danach errichteten dreigeschossigen Fachwerkhäuser stehen heute noch – über 500 Jahre.

Semperoper Dresden

Das berühmte Dresdner Opernhaus wurde nach seinem Baumeister, Professor Gottfried Semper (1803-1879), benannt. Am Ende des 2. Weltkrieges wurde das Haus schwer zerstört – und erst 1985, nach 40 Jahren, wieder eröffnet. Sempers Bau fügt sich harmonisch in das barocke Stadtensemble ein.

Sachsen

Sachsen kann man in drei große Gebiete einteilen, in deren Mittelpunkt die drei großen Städte des Bundeslandes liegen: Dresden (die Landeshauptstadt), Leipzig und Chemnitz. Besonders die beiden erstgenannten Städte lohnen wegen ihrer herrlichen Bauwerke einen Besuch.

Zu den sehenswerten Naturschönheiten des Landes gehört das Elbsandsteingebirge, auch die „Sächsische Schweiz" genannt. Seine zum Teil steilwandigen Felsen aus gelbgrünem Kreidesandstein sind besonders bei Kletterern sehr beliebt. In der Ober- und Niederlausitz leben 60.000 Sorben, eine slawische Minderheit, die bis heute ihre eigene Kultur und Sprache bewahrt hat.

0   10   20   30   40 km

N
W   O
S

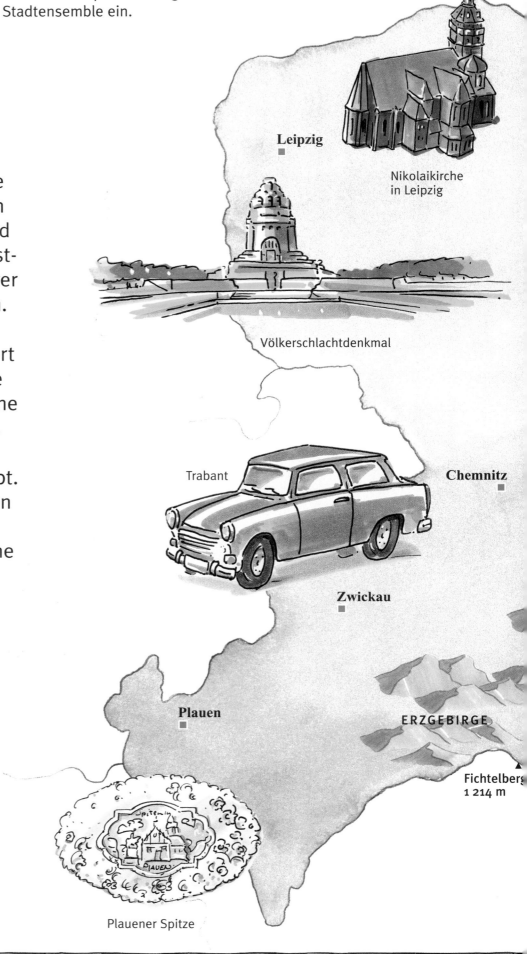

Leipzig

Nikolaikirche in Leipzig

Völkerschlachtdenkmal

Trabant

Chemnitz

Zwickau

Plauen

ERZGEBIRGE

Fichtelberg
1 214 m

Plauener Spitze

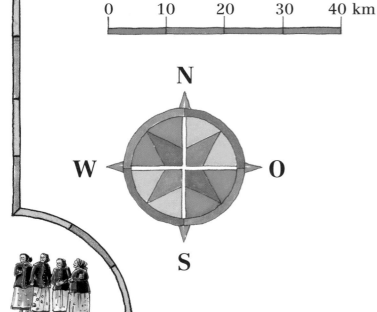

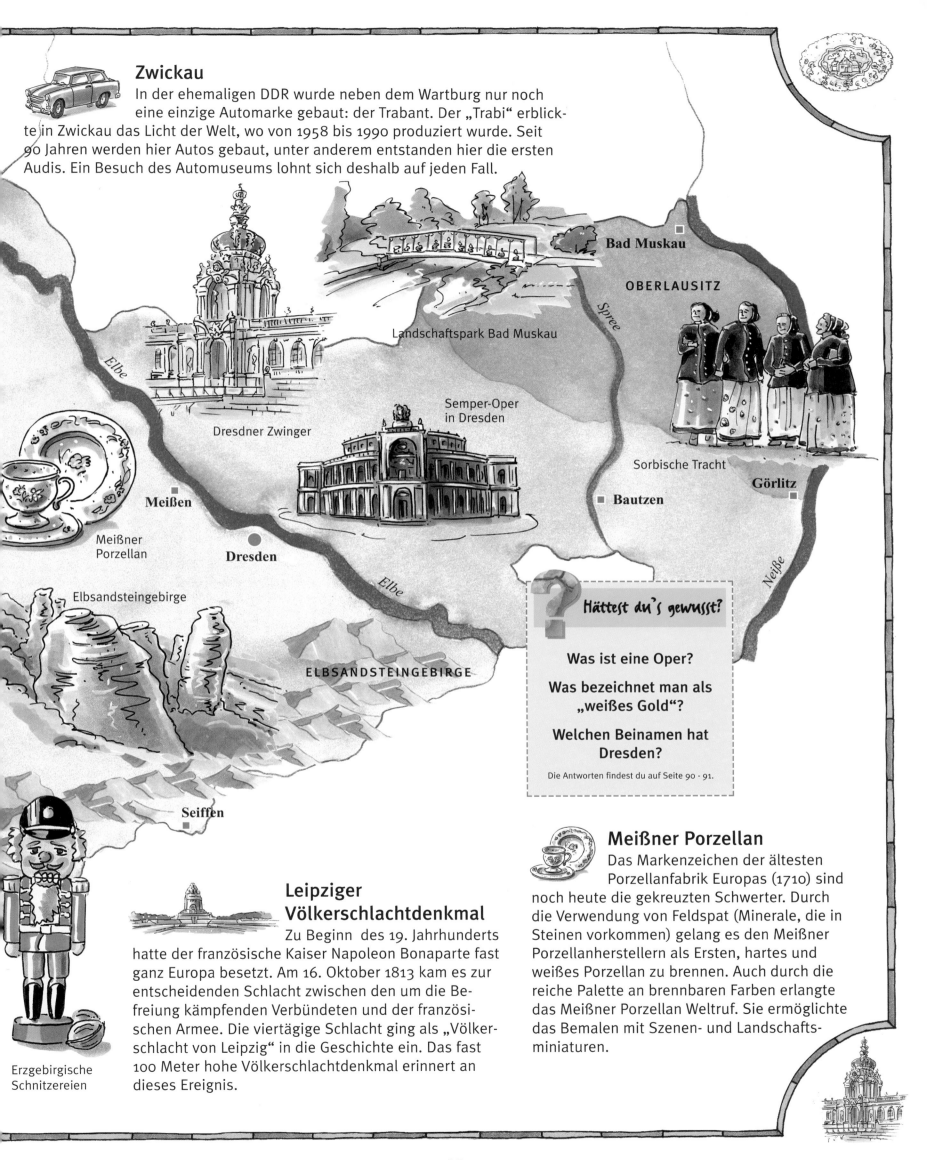

Zwickau

In der ehemaligen DDR wurde neben dem Wartburg nur noch eine einzige Automarke gebaut: der Trabant. Der „Trabi" erblickte in Zwickau das Licht der Welt, wo von 1958 bis 1990 produziert wurde. Seit 90 Jahren werden hier Autos gebaut, unter anderem entstanden hier die ersten Audis. Ein Besuch des Automuseums lohnt sich deshalb auf jeden Fall.

Bad Muskau

OBERLAUSITZ

Spree

Landschaftspark Bad Muskau

Elbe

Dresdner Zwinger

Semper-Oper
in Dresden

Sorbische Tracht

Görlitz

Meißen

Meißner
Porzellan

Dresden

Bautzen

Neiße

Elbsandsteingebirge

Elbe

ELBSANDSTEINGEBIRGE

Hättest du's gewusst?

Was ist eine Oper?

Was bezeichnet man als „weißes Gold"?

Welchen Beinamen hat Dresden?

Die Antworten findest du auf Seite 90 - 91.

Seiffen

Meißner Porzellan

Das Markenzeichen der ältesten Porzellanfabrik Europas (1710) sind noch heute die gekreuzten Schwerter. Durch die Verwendung von Feldspat (Minerale, die in Steinen vorkommen) gelang es den Meißner Porzellanherstellern als Ersten, hartes und weißes Porzellan zu brennen. Auch durch die reiche Palette an brennbaren Farben erlangte das Meißner Porzellan Weltruf. Sie ermöglichte das Bemalen mit Szenen- und Landschaftsminiaturen.

Leipziger Völkerschlachtdenkmal

Zu Beginn des 19. Jahrhunderts hatte der französische Kaiser Napoleon Bonaparte fast ganz Europa besetzt. Am 16. Oktober 1813 kam es zur entscheidenden Schlacht zwischen den um die Befreiung kämpfenden Verbündeten und der französischen Armee. Die viertägige Schlacht ging als „Völkerschlacht von Leipzig" in die Geschichte ein. Das fast 100 Meter hohe Völkerschlachtdenkmal erinnert an dieses Ereignis.

Erzgebirgische
Schnitzereien

Der Süden Deutschlands

Das größte Bundesland im Süden Deutschlands ist Bayern, das sich von den Alpen bis an die thüringische Landesgrenze erstreckt. Ziemlich winzig wirkt dagegen das Saarland, dessen Bedeutung und Geschichte dafür um so interessanter ist. Denn Deutschland und Frankreich stritten sich jahrzehntelang um dieses kleine Gebiet, da es dort große Kohlevorkommen gibt. Hessen und Rheinland-Pfalz, geteilt durch den malerischen Rheingau, sind dagegen eher etwas für Romantiker. Besucher aus aller Welt staunen über die große Zahl von Burgruinen, die auf beiden Seiten des Rheinufers stehen.

```
0    25    50    75    100 km
```

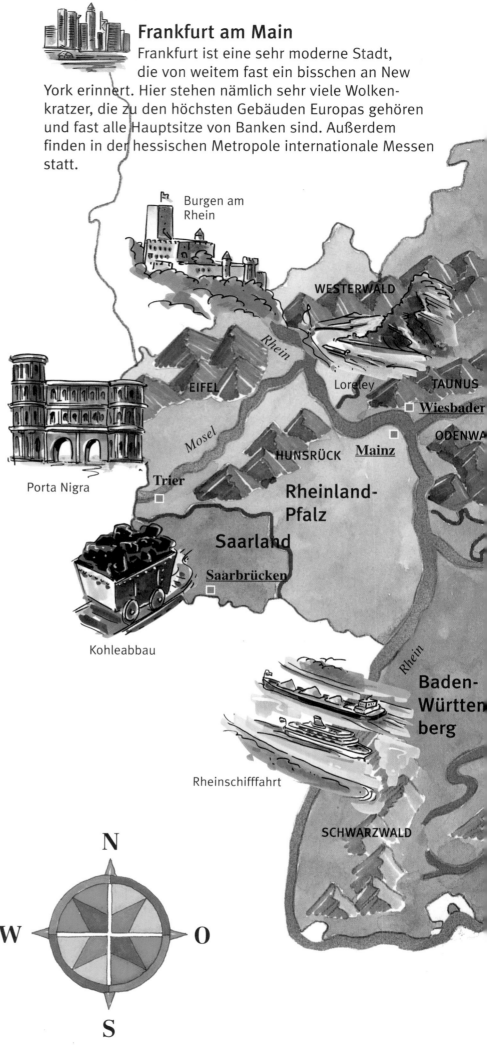

Frankfurt am Main
Frankfurt ist eine sehr moderne Stadt, die von weitem fast ein bisschen an New York erinnert. Hier stehen nämlich sehr viele Wolkenkratzer, die zu den höchsten Gebäuden Europas gehören und fast alle Hauptsitze von Banken sind. Außerdem finden in der hessischen Metropole internationale Messen statt.

Burgen am Rhein

WESTERWALD

Rhein

EIFEL

Loreley

TAUNUS

Wiesbaden

Mosel

HUNSRÜCK

Mainz

ODENWALD

Porta Nigra

Trier

Rheinland-Pfalz

Saarland

Saarbrücken

Kohleabbau

Rhein

Baden-Württemberg

Rheinschifffahrt

SCHWARZWALD

N
W   O
S

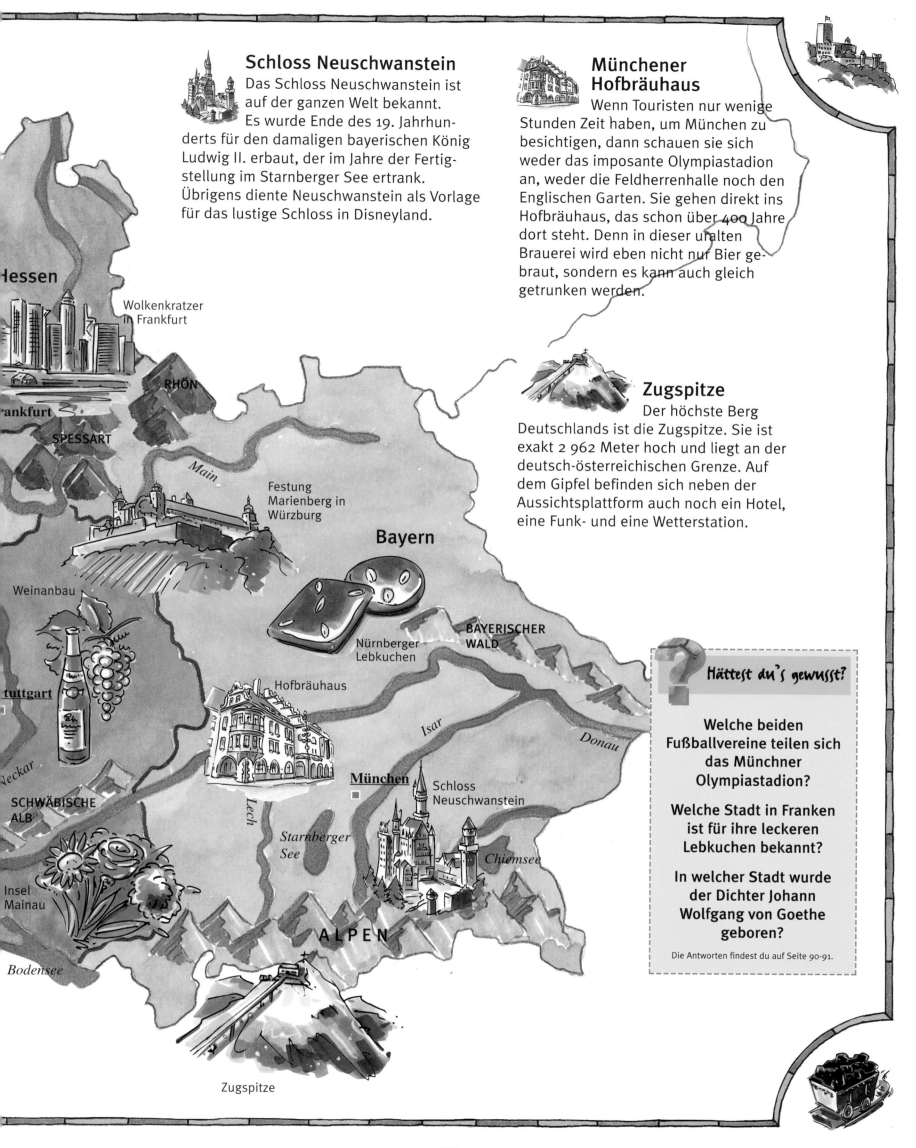

Schloss Neuschwanstein

Das Schloss Neuschwanstein ist auf der ganzen Welt bekannt. Es wurde Ende des 19. Jahrhunderts für den damaligen bayerischen König Ludwig II. erbaut, der im Jahre der Fertigstellung im Starnberger See ertrank. Übrigens diente Neuschwanstein als Vorlage für das lustige Schloss in Disneyland.

Münchener Hofbräuhaus

Wenn Touristen nur wenige Stunden Zeit haben, um München zu besichtigen, dann schauen sie sich weder das imposante Olympiastadion an, weder die Feldherrenhalle noch den Englischen Garten. Sie gehen direkt ins Hofbräuhaus, das schon über 400 Jahre dort steht. Denn in dieser uralten Brauerei wird eben nicht nur Bier gebraut, sondern es kann auch gleich getrunken werden.

Zugspitze

Der höchste Berg Deutschlands ist die Zugspitze. Sie ist exakt 2 962 Meter hoch und liegt an der deutsch-österreichischen Grenze. Auf dem Gipfel befinden sich neben der Aussichtsplattform auch noch ein Hotel, eine Funk- und eine Wetterstation.

Hessen

Wolkenkratzer in Frankfurt

RHÖN

Frankfurt

SPESSART

Main

Festung Marienberg in Würzburg

Bayern

Weinanbau

Nürnberger Lebkuchen

BAYERISCHER WALD

Stuttgart

Hofbräuhaus

Isar

Donau

Neckar

SCHWÄBISCHE ALB

Lech

München

Schloss Neuschwanstein

Insel Mainau

Starnberger See

Chiemsee

ALPEN

Bodensee

Zugspitze

Hättest du's gewusst?

Welche beiden Fußballvereine teilen sich das Münchner Olympiastadion?

Welche Stadt in Franken ist für ihre leckeren Lebkuchen bekannt?

In welcher Stadt wurde der Dichter Johann Wolfgang von Goethe geboren?

Die Antworten findest du auf Seite 90-91.

Hessen

Hessen, das waldreichste Bundesland, liegt geographisch in der Mitte Deutschlands. Wirtschaftliches Zentrum ist das Rhein-Main-Gebiet mit Frankfurt am Main als größter und bedeutendster Stadt. Der bei Frankfurt gelegene Rhein-Main-Flughafen ist einer der wichtigsten Luftkreuze in Europa. Landeshauptstadt Hessens ist die Kurstadt Wiesbaden, die am Rande eines der bekanntesten Weinanbaugebiete der Welt liegt: dem Rheingau, berühmt für seinen Riesling. Kassel ist mit seinen zahlreichen staatlichen Kunstsammlungen der kulturelle Mittelpunkt Nordhessens. Regelmäßig finden hier die Kasseler Musiktage und die Kunstausstellung Documenta statt.

Hessenpark

Im Freilichtmuseum Hessenpark wird die Vergangenheit lebendig: Wenn man zwischen den über 80 Fachwerkhäusern aus 4 Jahrhunderten herumgeht, kann man sich ein Bild davon machen, wie die Menschen in Hessen früher lebten und arbeiteten. Viele Gegenstände verdeutlichen, wie die Einwohner vergangener Tage ihr Handwerk ausübten und ihren Alltag meisterten.

WESTERWALD

Lahn

Weinbaugebiet Rheingau

Limburg

TAUNUS

Feldberg 879 m

Wiesbaden

Rüdesheim

Main

Rhein

Kurhaus Wiesbaden

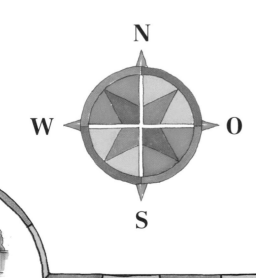

N

W   O

S

0   10   20   30   40 km

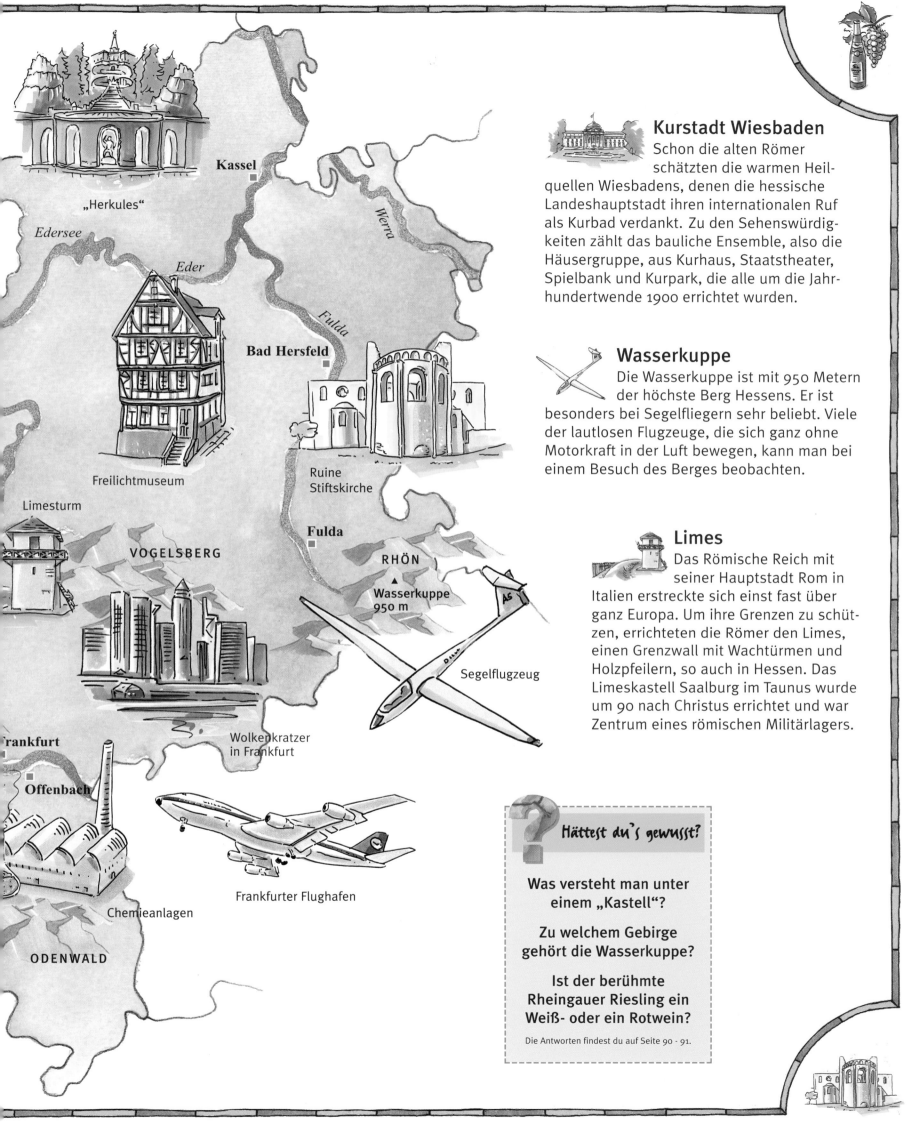

Kassel

„Herkules"

Edersee

Eder

Werra

Fulda

Bad Hersfeld

Freilichtmuseum

Ruine
Stiftskirche

Limesturm

Fulda

VOGELSBERG

RHÖN
▲ Wasserkuppe
950 m

Segelflugzeug

Frankfurt

Wolkenkratzer
in Frankfurt

Offenbach

Frankfurter Flughafen

Chemieanlagen

ODENWALD

Kurstadt Wiesbaden

Schon die alten Römer schätzten die warmen Heilquellen Wiesbadens, denen die hessische Landeshauptstadt ihren internationalen Ruf als Kurbad verdankt. Zu den Sehenswürdigkeiten zählt das bauliche Ensemble, also die Häusergruppe, aus Kurhaus, Staatstheater, Spielbank und Kurpark, die alle um die Jahrhundertwende 1900 errichtet wurden.

Wasserkuppe

Die Wasserkuppe ist mit 950 Metern der höchste Berg Hessens. Er ist besonders bei Segelfliegern sehr beliebt. Viele der lautlosen Flugzeuge, die sich ganz ohne Motorkraft in der Luft bewegen, kann man bei einem Besuch des Berges beobachten.

Limes

Das Römische Reich mit seiner Hauptstadt Rom in Italien erstreckte sich einst fast über ganz Europa. Um ihre Grenzen zu schützen, errichteten die Römer den Limes, einen Grenzwall mit Wachtürmen und Holzpfeilern, so auch in Hessen. Das Limeskastell Saalburg im Taunus wurde um 90 nach Christus errichtet und war Zentrum eines römischen Militärlagers.

Hättest du's gewusst?

Was versteht man unter einem „Kastell"?

Zu welchem Gebirge gehört die Wasserkuppe?

Ist der berühmte Rheingauer Riesling ein Weiß- oder ein Rotwein?

Die Antworten findest du auf Seite 90 - 91.

Rheinland-Pfalz

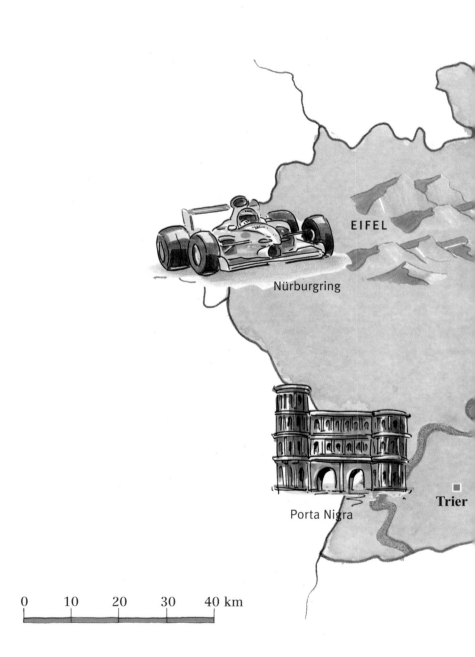

Schatz der Nibelungen

Das Nibelungenlied ist eine der bekanntesten und ältesten deutschen Heldendichtungen. In dieser Sage ist auch vom Schatz der Nibelungen die Rede, der irgendwo im Rhein, in der Nähe der Stadt Worms, liegen soll. Gefunden wurde der „sagenhafte" Schatz bisher jedoch noch nicht.

Rheinland-Pfalz wurde erst nach dem Zweiten Weltkrieg 1946 aus verschiedenen Regionen Deutschlands gebildet. Ohne Rücksicht auf zusammengehörige Gebiete wurde von der damaligen Militärregierung eine willkürliche Grenze gezogen und so ein völlig neues Verwaltungsgebiet mit der Landeshauptstadt Mainz geschaffen. Naturlandschaften, die zu Rheinland-Pfalz gehören, sind Eifel, Hunsrück, Pfälzer Wald und Westerwald. In fast keinem anderen Bundesland gibt es so viele kleine Siedlungen, in denen die Menschen von der Landwirtschaft leben. Große bedeutende Städte sind Worms, Koblenz, Trier und Speyer, bekannt ist auch Ludwigshafen, wo sich das Hauptwerk der Firma BASF befindet. Berühmt ist die Autorennstrecke Nürburgring und die „Lorelei", die man sogar in Amerika und Japan kennt.

EIFEL

Nürburgring

Porta Nigra

Trier

0 10 20 30 40 km

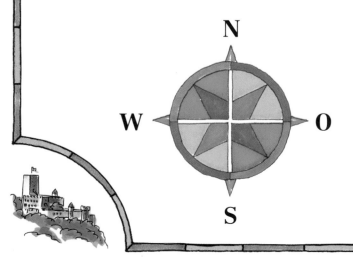

Mainzer Fastnacht

Die Mainzer Fastnacht ist genauso berühmt wie die „tollen Tage" in Köln oder Düsseldorf. Alljährlich findet am Rosenmontag einer der größten Faschingsumzüge Deutschlands statt. Geschmückte Fastnachtswagen mit großen Pappmascheefiguren und Bonbonwerfern ziehen mit Musik und viel Trara durch die mit Menschen überfüllten Straßen der Innenstadt.

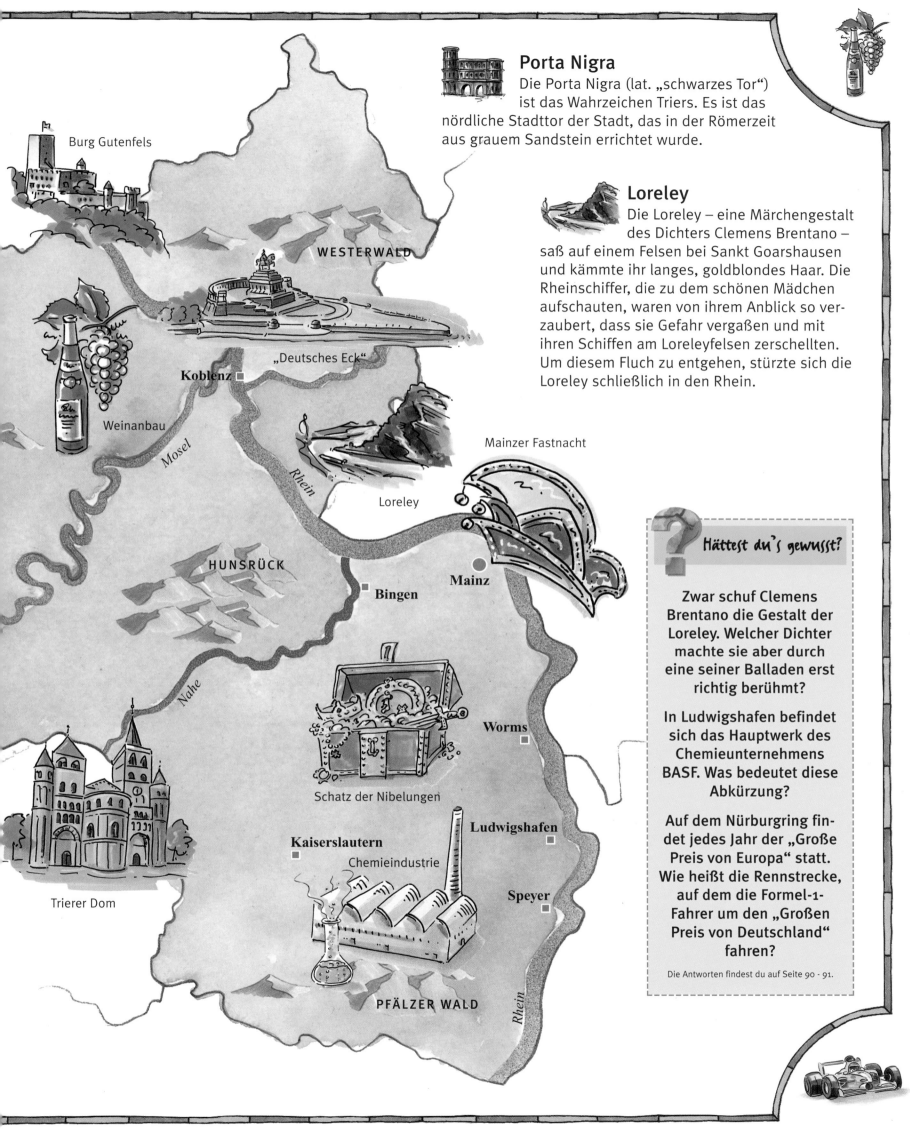

Porta Nigra

Die Porta Nigra (lat. „schwarzes Tor")
ist das Wahrzeichen Triers. Es ist das
nördliche Stadttor der Stadt, das in der Römerzeit
aus grauem Sandstein errichtet wurde.

Loreley

Die Loreley – eine Märchengestalt
des Dichters Clemens Brentano –
saß auf einem Felsen bei Sankt Goarshausen
und kämmte ihr langes, goldblondes Haar. Die
Rheinschiffer, die zu dem schönen Mädchen
aufschauten, waren von ihrem Anblick so ver-
zaubert, dass sie Gefahr vergaßen und mit
ihren Schiffen am Loreleyfelsen zerschellten.
Um diesem Fluch zu entgehen, stürzte sich die
Loreley schließlich in den Rhein.

Burg Gutenfels

WESTERWALD

„Deutsches Eck"

Koblenz

Weinanbau

Mosel

Rhein

Mainzer Fastnacht

Loreley

HUNSRÜCK

Bingen

Mainz

Nahe

Schatz der Nibelungen

Worms

Trierer Dom

Kaiserslautern

Chemieindustrie

Ludwigshafen

Speyer

Rhein

PFÄLZER WALD

Hättest du's gewusst?

Zwar schuf Clemens
Brentano die Gestalt der
Loreley. Welcher Dichter
machte sie aber durch
eine seiner Balladen erst
richtig berühmt?

In Ludwigshafen befindet
sich das Hauptwerk des
Chemieunternehmens
BASF. Was bedeutet diese
Abkürzung?

Auf dem Nürburgring fin-
det jedes Jahr der „Große
Preis von Europa" statt.
Wie heißt die Rennstrecke,
auf dem die Formel-1-
Fahrer um den „Großen
Preis von Deutschland"
fahren?

Die Antworten findest du auf Seite 90 - 91.

Schlossberghöhlen

Tief hinein in den Fels des Schlossberges bei Homburg reichen die größten Buntsandsteinhöhlen Europas. Die kilometerlangen Gänge sind ein riesiges unterirdisches Labyrinth. Sie können auf drei Ebenen und über 800 Meter Wegstrecke besichtigt werden. Aber keine Angst: Verlaufen kann man sich in den Höhlen nicht!

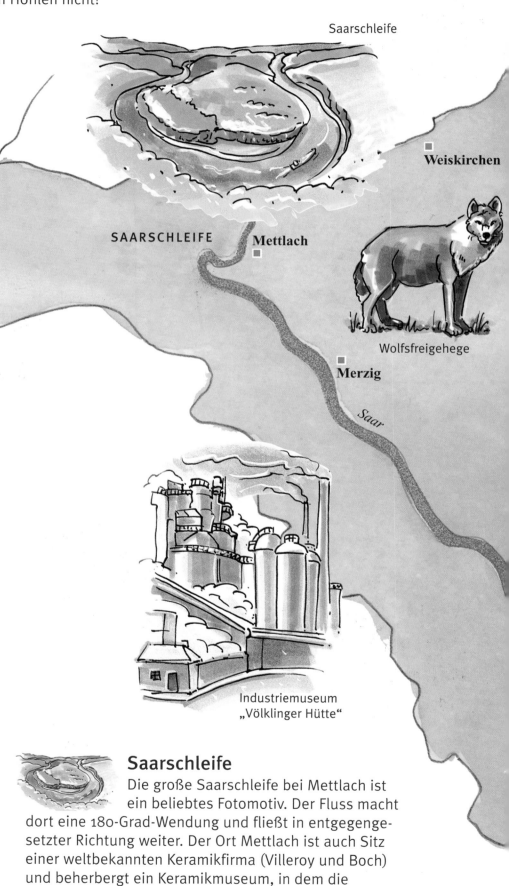

Saarschleife

Weiskirchen

SAARSCHLEIFE Mettlach

Wolfsfreigehege

Merzig

Saar

Industriemuseum „Völklinger Hütte"

Saarland

Über ein Jahrhundert wurde das Saarland allein durch den Bergbau und die Stahlherstellung geprägt. Das kleine Saarland besaß (und besitzt noch immer), ähnlich wie das Rheinland und das Ruhrgebiet, große Kohlevorkommen. Der Einfluss des Nachbarstaates Frankreich, macht sich an vielen Orten bemerkbar. Auch die Kelten und Römer haben im Saarland ihre Spuren hinterlassen.

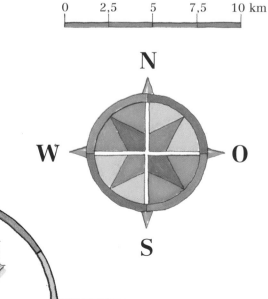

0   2,5   5   7,5   10 km

N
W   O
S

Saarschleife

Die große Saarschleife bei Mettlach ist ein beliebtes Fotomotiv. Der Fluss macht dort eine 180-Grad-Wendung und fließt in entgegengesetzter Richtung weiter. Der Ort Mettlach ist auch Sitz einer weltbekannten Keramikfirma (Villeroy und Boch) und beherbergt ein Keramikmuseum, in dem die Porzellanarbeiten der 200-jährigen Firmengeschichte bewundert werden können.

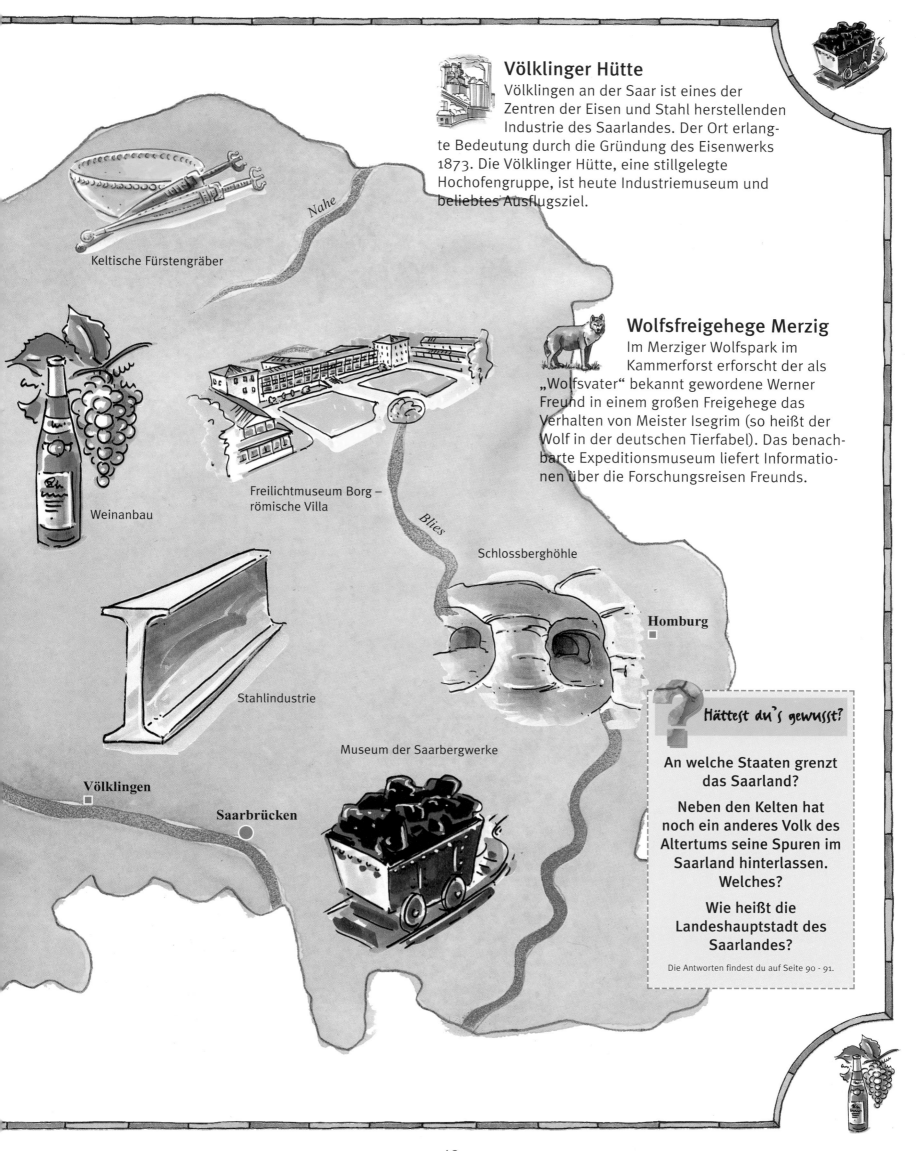

Völklinger Hütte

Völklingen an der Saar ist eines der Zentren der Eisen und Stahl herstellenden Industrie des Saarlandes. Der Ort erlangte Bedeutung durch die Gründung des Eisenwerks 1873. Die Völklinger Hütte, eine stillgelegte Hochofengruppe, ist heute Industriemuseum und beliebtes Ausflugsziel.

Wolfsfreigehege Merzig

Im Merziger Wolfspark im Kammerforst erforscht der als „Wolfsvater" bekannt gewordene Werner Freund in einem großen Freigehege das Verhalten von Meister Isegrim (so heißt der Wolf in der deutschen Tierfabel). Das benachbarte Expeditionsmuseum liefert Informationen über die Forschungsreisen Freunds.

Keltische Fürstengräber

Nahe

Weinanbau

Freilichtmuseum Borg – römische Villa

Blies

Schlossberghöhle

Homburg

Stahlindustrie

Museum der Saarbergwerke

Völklingen

Saarbrücken

Hättest du's gewusst?

An welche Staaten grenzt das Saarland?

Neben den Kelten hat noch ein anderes Volk des Altertums seine Spuren im Saarland hinterlassen. Welches?

Wie heißt die Landeshauptstadt des Saarlandes?

Die Antworten findest du auf Seite 90 - 91.

Hockenheimring

Neben dem Nürburgring in der Eifel ist der Hockenheimring die zweite international bekannte Autorennstrecke Deutschlands. Diesen Ruf verdankt der 1932 fertig gestellte Rundkurs dem „Großen Preis von Deutschland" – einem Formel-1-Grand-Prix-Rennen.

Baden-Württemberg

Die Einwohner Baden-Württembergs haben den Ruf, außergewöhnlich sparsam und fleißig zu sein. Besonders die Schwaben gelten als geizig – aber in Wirklichkeit sind sie nicht mehr oder weniger knauserig als die Hessen, Bayern oder die Schotten. Die Landeshauptstadt Stuttgart ist das wirtschaftliche Zentrum des Landes, das auch ein beliebtes innerdeutsches Ferienziel ist. Interessante Städte und reizvolle Landschaften wie der Schwarzwald oder die Schwäbische Alb ziehen jährlich Tausende von Besuchern an.

0   10   20   30   40 km

N
W   O
S

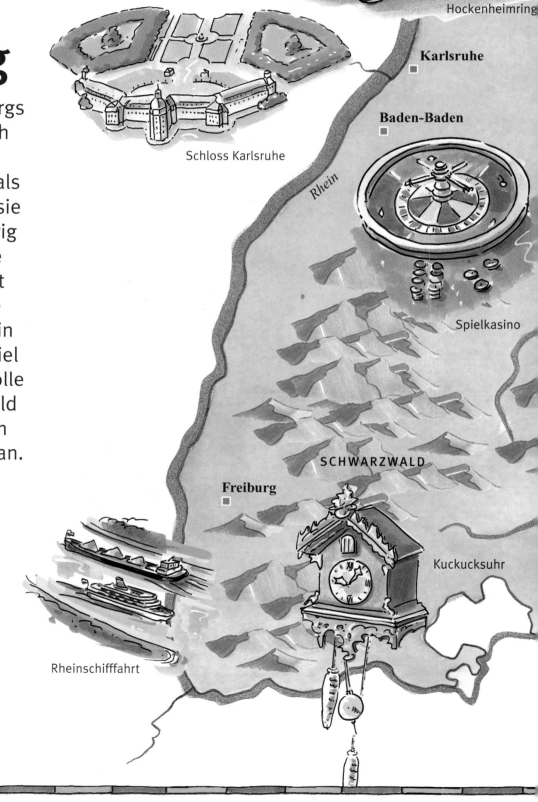

Mannheim
Heidelberg
Hockenheimring
Karlsruhe
Baden-Baden
Schloss Karlsruhe
Rhein
Spielkasino
SCHWARZWALD
Freiburg
Kuckucksuhr
Rheinschifffahrt

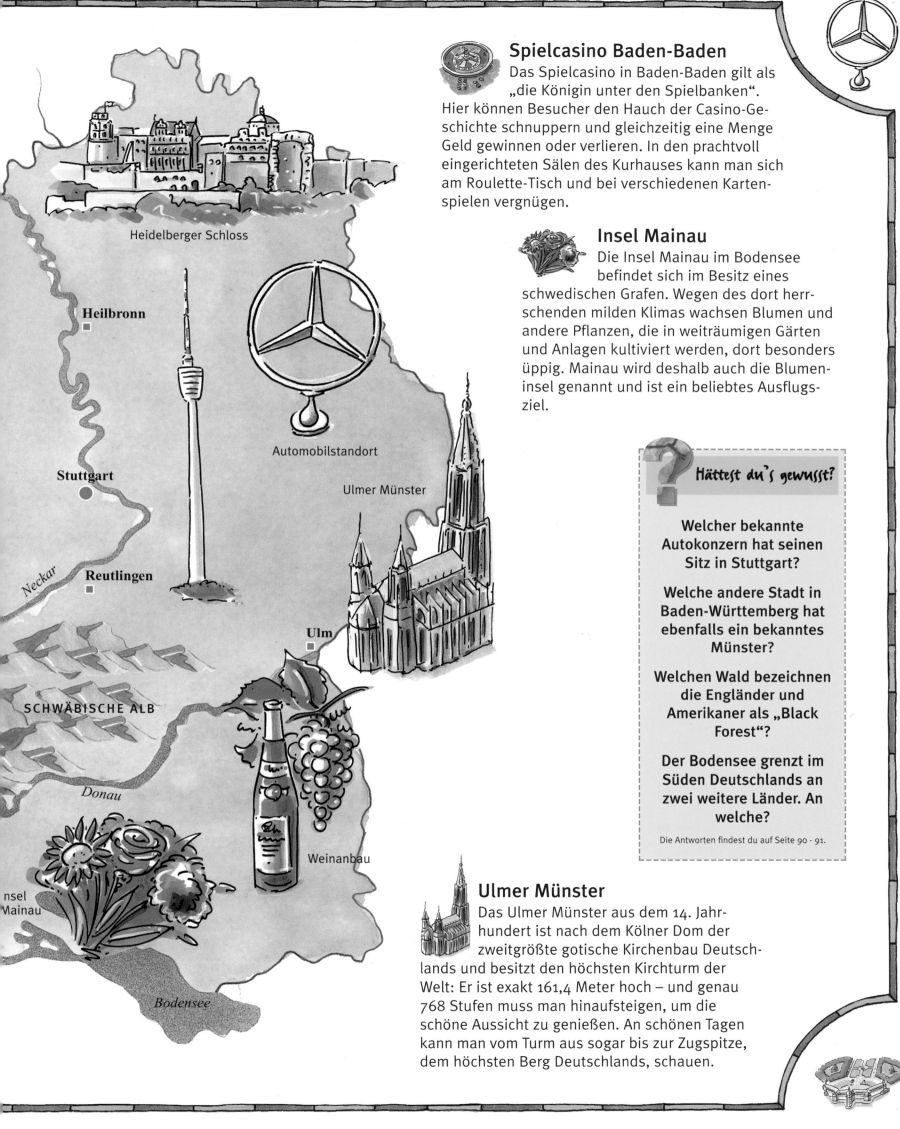

Spielcasino Baden-Baden

Das Spielcasino in Baden-Baden gilt als „die Königin unter den Spielbanken". Hier können Besucher den Hauch der Casino-Geschichte schnuppern und gleichzeitig eine Menge Geld gewinnen oder verlieren. In den prachtvoll eingerichteten Sälen des Kurhauses kann man sich am Roulette-Tisch und bei verschiedenen Kartenspielen vergnügen.

Insel Mainau

Die Insel Mainau im Bodensee befindet sich im Besitz eines schwedischen Grafen. Wegen des dort herrschenden milden Klimas wachsen Blumen und andere Pflanzen, die in weiträumigen Gärten und Anlagen kultiviert werden, dort besonders üppig. Mainau wird deshalb auch die Blumeninsel genannt und ist ein beliebtes Ausflugsziel.

Heidelberger Schloss

Heilbronn

Automobilstandort

Stuttgart

Ulmer Münster

Neckar

Reutlingen

Ulm

SCHWÄBISCHE ALB

Donau

Weinanbau

nsel Mainau

Bodensee

Hättest du's gewusst?

Welcher bekannte Autokonzern hat seinen Sitz in Stuttgart?

Welche andere Stadt in Baden-Württemberg hat ebenfalls ein bekanntes Münster?

Welchen Wald bezeichnen die Engländer und Amerikaner als „Black Forest"?

Der Bodensee grenzt im Süden Deutschlands an zwei weitere Länder. An welche?

Die Antworten findest du auf Seite 90 - 91.

Ulmer Münster

Das Ulmer Münster aus dem 14. Jahrhundert ist nach dem Kölner Dom der zweitgrößte gotische Kirchenbau Deutschlands und besitzt den höchsten Kirchturm der Welt: Er ist exakt 161,4 Meter hoch – und genau 768 Stufen muss man hinaufsteigen, um die schöne Aussicht zu genießen. An schönen Tagen kann man vom Turm aus sogar bis zur Zugspitze, dem höchsten Berg Deutschlands, schauen.

Regensburger Dom

Regensburg war bereits zur Römerzeit ein Bischofssitz – und die Kirche des Bischofs ist der Dom. Der bekannteste Kirchenchor des Regensburger Doms besteht nur aus Jungen: Die „Regensburger Domspatzen" sind ein Knabenchor, der Auftritte in der ganzen Welt hat und sogar auf CDs zu hören ist.

Festung Marienberg

Main

Würzburg

Bamberger Reiter

Fuggerei in Augsburg

Iller

ALPEN

Bayern

Das südlichste und größte Bundesland Bayern ist international sehr bekannt. Fast auf der ganzen Welt hat man schon einmal vom Münchner Oktoberfest, einem der größten Volksfeste Europas, oder dem Hofbräuhaus und seinem Biergarten gehört. Das Schloss Neuschwanstein war sogar Vorlage für die Märchenschlösser in den Walt-Disney-Vergnügungsparks. Die Sehenswürdigkeiten Bayerns sind sehr abwechslungsreich, Altes und Neues stehen oft dicht nebeneinander.

0   10   20   30   40 km

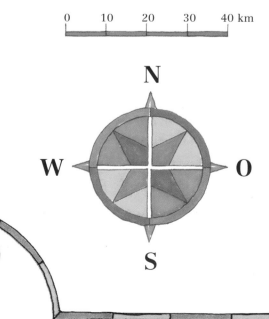

N
W   O
S

Hättest du's gewusst?

In welchem Monat beginnt das Münchner Oktoberfest?

Weißt du, was ein „Schuhplattler" ist?

Das Weißbier ist eine bayerische Spezialität. Weißt du, wie das Weißbier im restlichen Deutschland genannt wird?

Die Antworten findest du auf Seite 90 - 91.

Festspiele Bayreuth

Der berühmteste Bürger Bayreuths war der 1813 in Leipzig geborene Komponist Richard Wagner. Im Alter von 59 Jahren zog er mit seiner Familie nach Bayreuth, wo er im neu errichteten Festspielhaus seine Werke aufführte. Seit damals finden in jedem Jahr die Sommerfestspiele statt, bei denen seine Opern (Musikdramen) aufgeführt werden.

Raumfahrtzentrum Oberpfaffenhofen

In Oberpfaffenhofen befindet sich das Deutsche Zentrum für Luft- und Raumfahrt (DLR). Von hier aus werden auch die Starts der europäischen Weltraumraketen und Space-Shuttle-Missionen gesteuert. Das Raumfahrtkontrollzentrum kann besichtigt werden: Bei interessanten Führungen lernen jeden Tag auch viele Schulklassen die Geheimnisse der Luft- und Raumfahrt kennen.

Festung Marienberg

Mit dem Bau der Festung Marienberg wurde 1281 begonnen. Das heutige Wahrzeichen der fränkischen Hauptstadt Würzburg diente früher als Wohnsitz der fürstlichen Bischöfe. Häufig kam es zu Streit mit den Würzburger Bürgern und Bauern, sodass sich die Bischöfe manchmal sogar in ihrer eigenen Festung verschanzen mussten, um sich vor ihren Untertanen zu schützen.

Map labels:

FICHTELGEBIRGE
Bamberg
Bayreuth
Regnitz
Nürnberger Lebkuchen
Bayreuther Festspiele
Nürnberg
Main-Donau-Kanal
Naab
Regen
Regensburg
BAYERISCHER WALD
Donau
Ingolstadt
Donau
Isar
Passau
Regensburger Dom
Augsburg
Hofbräuhaus
Dachau
München
Oberpfaffen-hofen
Personenschifffahrt
Raumfahrtzentrum Oberpfaffenhofen
Ammersee
Inn
Starnberger See
ALPEN
Chiemsee
Zugspitze 2962 m
Schloss Neuschwanstein

„Leckeres aus deutschen Landen"

In jeder Region Deutschlands serviert man typische Gerichte, die dort zur Ess-Kultur gehören und dessen Zubereitung oder Herstellung man mit dieser Landschaft in Verbindung bringt. Das können richtige Mahlzeiten sein, aber auch Süßspeisen, Desserts oder Gebäck. Auf dieser Seite findet ihr einige der bekanntesten Landes-Spezialitäten. Bestimmt habt ihr einige von ihnen schon selbst probiert!

Handkäs' mit Musik

Diese Mahlzeit kommt eigentlich aus Hessen, wird aber mittlerweile im ganzen südlichen Rheintal genossen. Beim Verzehr des Handkäs', einem ausgereiften Harzer Käse, der in einen Sud aus Zwiebeln, Essig, Öl, Pfeffer und Kümmel eingelegt wird, muss man aber keine Lieder trällern. Für die „Musik" sorgen vielmehr die Blähungen, die sich nach dem Essen einstellen!

Nürnberger Lebkuchen

Die Vorfahren des Lebkuchens nannte man zunächst Honigkuchen, später Pfefferkuchen. Noch heute gehören Honig und Gewürze zu den wichtigsten Zutaten bei der Lebkuchenherstellung. Durch den nahen Reichswald, dem „Bienengarten des (damaligen) Heiligen Römischen Reiches", verfügte es über genügend Honig. Außerdem lag es am Schnittpunkt der Handelsstraßen aus dem Orient, sodass es immer genug Gewürznachschub gab. So wurde Nürnberg schon früh zur Hochburg der Lebkuchenherstellung.

Currywurst

Westfälischer Schinken

Frankfurter Kranz

Aachener Printen

Handkäs mit Musik

Pfälzer Saumagen

Schwarzwälder Kirschtorte

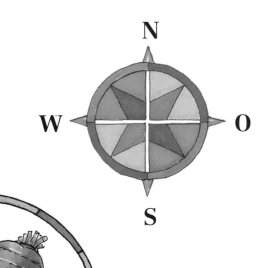

N W O S

Hättest du's gewusst?

Muss man beim Saumagen mitessen, was die Sau gegessen hat?

Warum heißen die Lebkuchen auch Pfefferkuchen?

Wie heißt das einzige Bier, das man mit Strohhalm trinkt?

Die Antworten findest du auf Seite 90 - 91.

Dresdner Stollen

Der Dresdner Christstollen wird von seinen Erfindern, den Sachsen, liebevoll „König der Backwaren" genannt. Auf dem Striezelmarkt, dem ältesten deutschen Weihnachtsmarkt, wurde der Kuchen bereits im 14. Jahrhundert verkauft. Seine wichtigsten Zutaten sind neben dem Weizen-Butter-Teig Rosinen, Mandeln, Zitronat, Orangeat (kandierte Zitrusfrüchte) und Vanille.

Lübecker Marzipan

Das Marzipan aus Lübeck ist in aller Welt berühmt. Zwar stammt das Marzipan, eine Mischung aus gemahlenen Mandeln und Zucker, aus dem Orient (dort wachsen die Mandelbäume), doch durch den extrem hohen Mandelanteil erwarb das Lübecker Marzipan schon früh seinen hervorragenden Ruf. Da sich Marzipan sehr gut formen lässt, zaubern die Marzipanbäcker oft die schönsten und leckersten Kunstwerke.

Berliner Weiße mit Schuss

Die Berliner Weiße ist ein alkoholarmes Schankbier mit einem leicht säuerlichen Geschmack. Es wird meistens vermischt mit Waldmeister- oder Himbeersirup in einer Glasschale serviert. Als einziges Bier trinkt man die Berliner Weiße mit Schuss mit einem Strohhalm.

Pfälzer Saumagen

Iiih – werden jetzt einige ausrufen. Ein Saumagen zum Essen? Nun, der Saumagen ist sozusagen nur die Hülle. Die restlichen Zutaten (etwa Schinken, Kartoffeln, Brötchen, Schweinebauch, Bratwurstfülle) werden hineingestopft, nachdem sie in der Pfanne angebraten wurden. Der Inhalt des echten Saumagens wurde also vorher entfernt und man muss nicht mitessen, was das Schwein vorher gefressen hat.

Kieler Sprotten

Lübecker Marzipan

Itower Rübchen

Dresdner Stollen

Berliner Weiße mit Schuss (rot oder grün)

Spreewälder Gurken

Berliner Pfannkuchen

Leipziger Allerlei

Harzer Käse

Thüringer Klöße

Nürnberger Lebkuchen

Laugenbrezel

Schwäbische Maultaschen

Österreich, Schweiz und Liechtenstein

Die Länder Österreich, Schweiz und Liechtenstein liegen mitten in einem der höchsten Gebirge der Welt, den Alpen. Die landschaftlich reizvollen Staaten leben hauptsächlich vom Tourismus, denn das ganze Jahr über kommen die Urlauber hierher, um sich zu erholen. Im Sommer wird gewandert und geklettert, im Winter natürlich Ski gelaufen. Dann lassen sich die Wintersportler mit einem der unzähligen Sessellifte auf die Berggipfel bringen, schnallen ihre Skier oder Snowboards an und fahren die Pisten hinunter.

0   25   50   75   100 km

Bodensee

Rhein

Schweiz

☐ Zürich

Liechtenstein

○ Vaduz

Milchkuh

○ Bern

Schokolade

Lausanne

A l p e n

☐ Genf

Genfer See

Matterhorn
4 478 m

Uhrenfertigung

Wilhelm Tell

Bergsteiger

N

W   O

S

Schweizer Käse

Die Schweiz

Die Schweiz gilt als Herkunftsland ganz bestimmter hochwertiger Produkte. Zum einen ist da die leckere Schokolade. Zum anderen kommen aus der Schweiz auch viele Käsesorten, wie zum Beispiel der Emmentaler mit den großen Löchern. Aber auch die Uhrenindustrie hat einen guten Ruf auf Grund ihrer genau funktionierenden Uhrwerke.

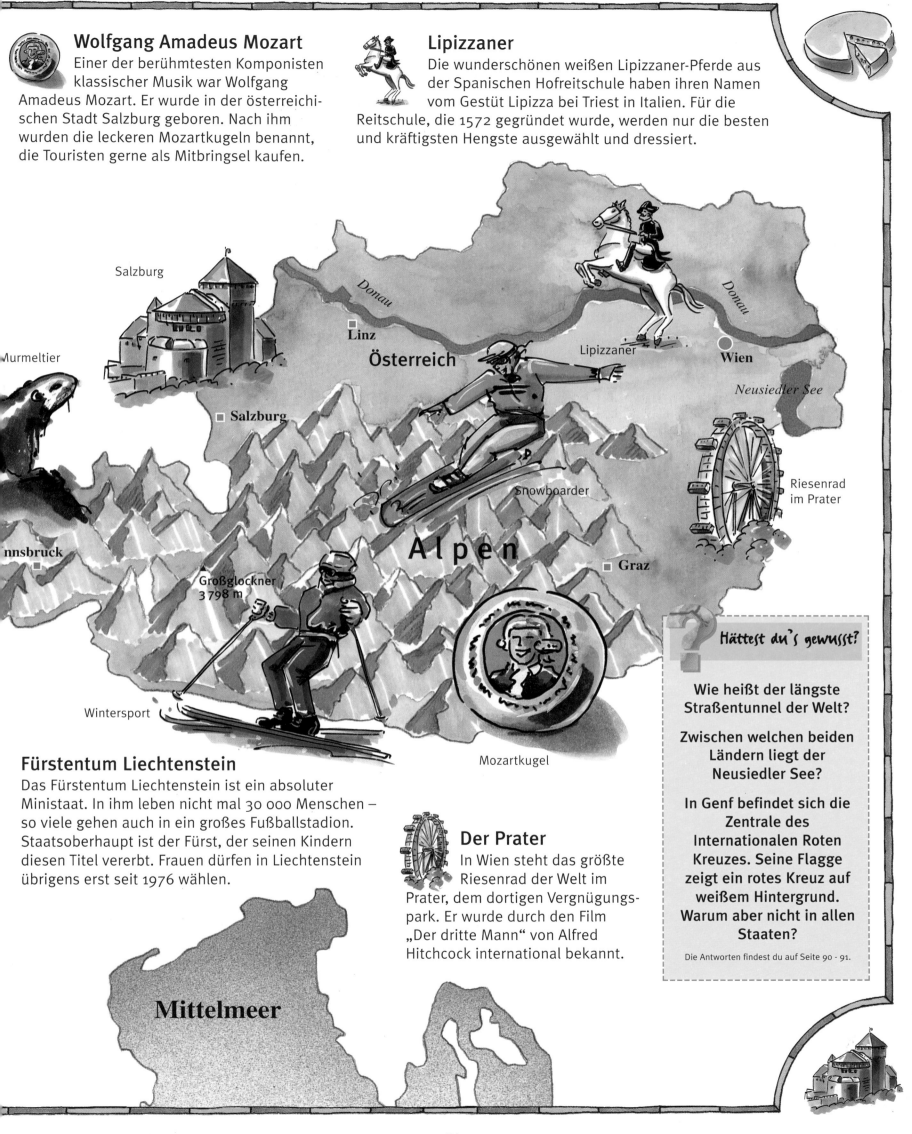

Wolfgang Amadeus Mozart

Einer der berühmtesten Komponisten klassischer Musik war Wolfgang Amadeus Mozart. Er wurde in der österreichischen Stadt Salzburg geboren. Nach ihm wurden die leckeren Mozartkugeln benannt, die Touristen gerne als Mitbringsel kaufen.

Lipizzaner

Die wunderschönen weißen Lipizzaner-Pferde aus der Spanischen Hofreitschule haben ihren Namen vom Gestüt Lipizza bei Triest in Italien. Für die Reitschule, die 1572 gegründet wurde, werden nur die besten und kräftigsten Hengste ausgewählt und dressiert.

Salzburg

Donau

Murmeltier

Linz

Österreich

Lipizzaner

Donau

Wien

Salzburg

Neusiedler See

nnsbruck

Snowboarder

Riesenrad im Prater

Großglockner 3798 m

Alpen

Graz

Wintersport

Mozartkugel

Fürstentum Liechtenstein

Das Fürstentum Liechtenstein ist ein absoluter Ministaat. In ihm leben nicht mal 30 000 Menschen – so viele gehen auch in ein großes Fußballstadion. Staatsoberhaupt ist der Fürst, der seinen Kindern diesen Titel vererbt. Frauen dürfen in Liechtenstein übrigens erst seit 1976 wählen.

Der Prater

In Wien steht das größte Riesenrad der Welt im Prater, dem dortigen Vergnügungspark. Er wurde durch den Film „Der dritte Mann" von Alfred Hitchcock international bekannt.

? Hättest du's gewusst?

Wie heißt der längste Straßentunnel der Welt?

Zwischen welchen beiden Ländern liegt der Neusiedler See?

In Genf befindet sich die Zentrale des Internationalen Roten Kreuzes. Seine Flagge zeigt ein rotes Kreuz auf weißem Hintergrund. Warum aber nicht in allen Staaten?

Die Antworten findest du auf Seite 90 - 91.

Mittelmeer

Gletscher

○ **Reykjavik**

Island-Pony

Island

Europäisches Nordmeer

Geysir

N

W · O

S

Nordeuropa

Die Länder Nordeuropas liegen alle in der Nähe des nördlichen Polarkreises, das heißt, die Winter sind sehr lang und kalt, die Sommer dagegen kurz und nicht besonders sonnig. Das ist auch der Grund, warum viele erfolgreiche Skiläufer aus dem Norden Europas kommen – sie haben viele Monate im Jahr Zeit zum Trainieren. In Skandinavien, das die Länder Dänemark, Norwegen, Schweden und Finnland umfasst, leben die Menschen vorwiegend von der Verarbeitung von Rohstoffen. Das Holz der riesigen Baumbestände wird beispielsweise zu Papier und Möbeln verarbeitet, und die Fischindustrie sorgt dafür, dass die Sardinen in ihre Büchsen kommen.

0   100   200   300   400 km

Legoland

Das Legoland in Dänemark, ein großer Freizeitpark, verfügt über die größte Miniaturstadt der Welt. Und wie der Name bereits sagt, besteht sie vollständig aus Millionen von kleinen Legosteinen.

Literarische Figuren

Skandinavien ist die Heimat vieler bekannter Kinderbuchgestalten. Das haben wir hauptsächlich den beiden schwedischen Erzählerinnen Astrid Lindgren und Selma Lagerlöf zu verdanken. Sie schufen so unvergessliche Gestalten wie Pippi Langstrumpf und Nils Holgersson. Aber auch andere Dichter verbindet man mit dieser Region. So wurde der kleinen Meerjungfrau aus einem Märchen von Hans Christian Andersen sogar ein Denkmal gesetzt: Die Bronzestatue steht im Hafen von Kopenhagen und ist mittlerweile das Wahrzeichen der Stadt.

Gletscher

Einen Gletscher kann man sich als Strom oder Fluss aus Eis vorstellen. Da das Eis manchmal schmilzt und wieder gefriert, kann es sich auf dem entstehenden Wasserfilm vorwärtsbewegen. In sehr kalten Zeiten breitet sich solch ein Gletscher sehr weit aus, in wärmeren Zeiten schrumpft er zusammen. Der größte Gletscher der Welt ist der Vatnajökull auf Island, der etwa 140 Kilometer lang ist und somit größer als alle anderen Gletscher der Welt zusammen.

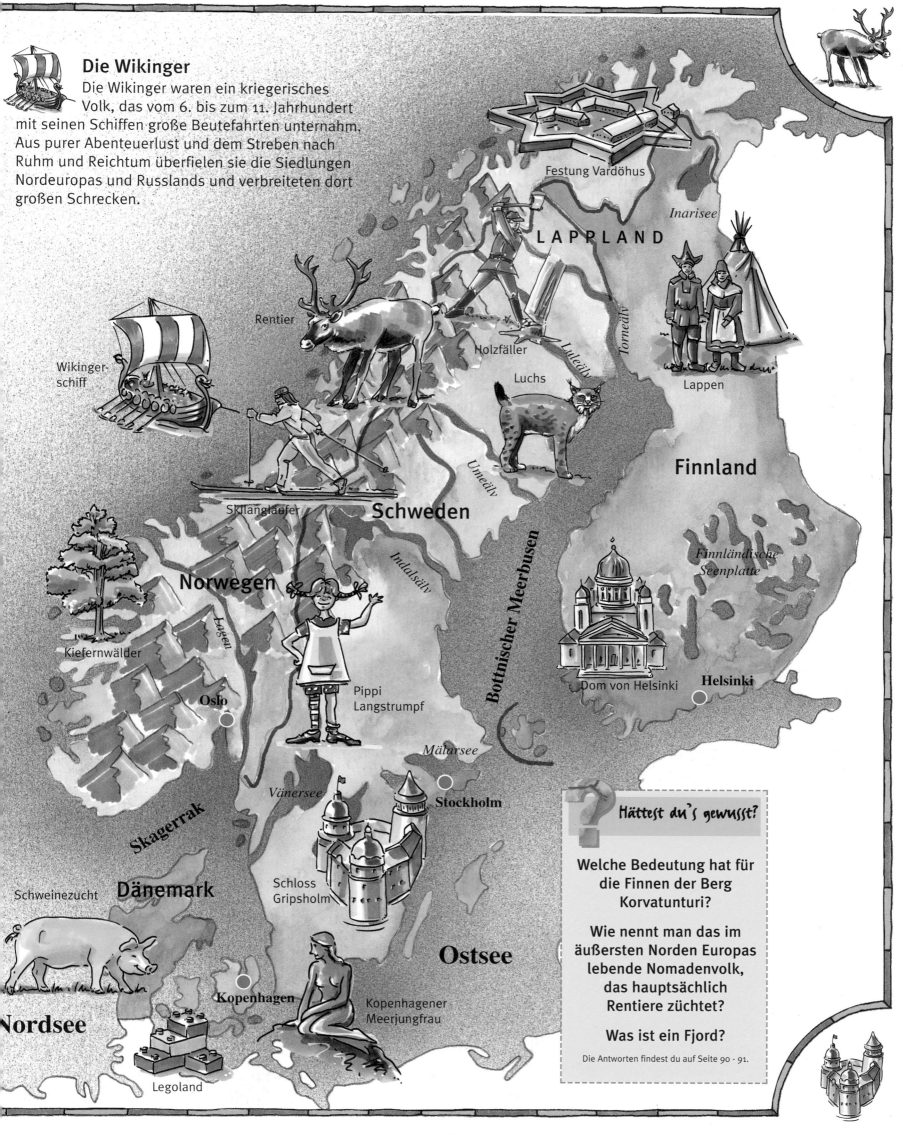

Die Wikinger

Die Wikinger waren ein kriegerisches Volk, das vom 6. bis zum 11. Jahrhundert mit seinen Schiffen große Beutefahrten unternahm. Aus purer Abenteuerlust und dem Streben nach Ruhm und Reichtum überfielen sie die Siedlungen Nordeuropas und Russlands und verbreiteten dort großen Schrecken.

Festung Vardöhus

Inarisee

LAPPLAND

Rentier

Holzfäller

Luchs

Tornedlv

Luledlv

Lappen

Wikinger-schiff

Skilanglaufer

Schweden

Umedlv

Finnland

Indalsälv

Norwegen

Finnländische Seenplatte

Kiefernwälder

Lågen

Pippi Langstrumpf

Bottnischer Meerbusen

Dom von Helsinki

Helsinki

Oslo

Mälarsee

Vänersee

Stockholm

Skagerrak

Schloss Gripsholm

Schweinezucht

Dänemark

Ostsee

Kopenhagen

Kopenhagener Meerjungfrau

Nordsee

Legoland

Hättest du's gewusst?

Welche Bedeutung hat für die Finnen der Berg Korvatunturi?

Wie nennt man das im äußersten Norden Europas lebende Nomadenvolk, das hauptsächlich Rentiere züchtet?

Was ist ein Fjord?

Die Antworten findest du auf Seite 90 - 91.

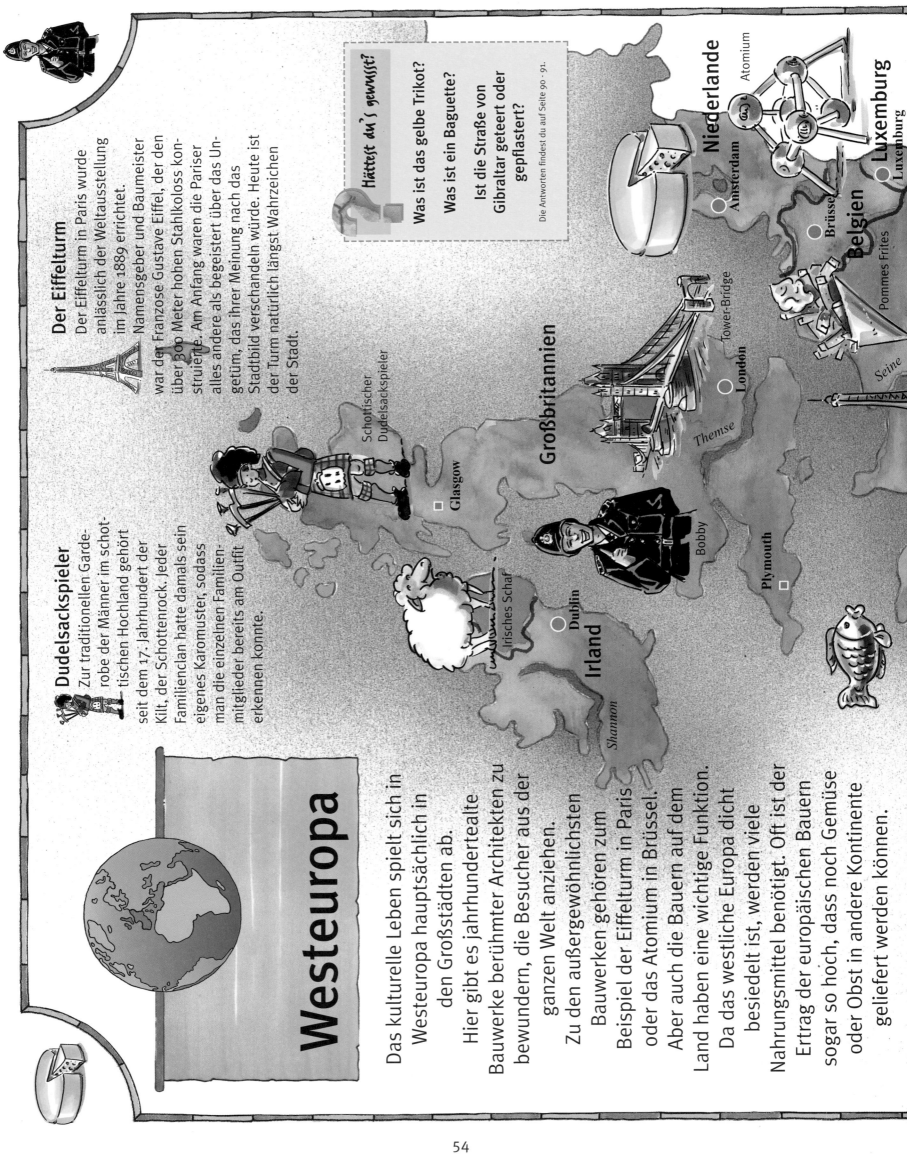

Westeuropa

Das kulturelle Leben spielt sich in Westeuropa hauptsächlich in den Großstädten ab.
Hier gibt es jahrhundertealte Bauwerke berühmter Architekten zu bewundern, die Besucher aus der ganzen Welt anziehen.
Zu den außergewöhnlichsten Bauwerken gehören zum Beispiel der Eiffelturm in Paris oder das Atomium in Brüssel.
Aber auch die Bauern haben auf dem Land eine wichtige Funktion. Da das westliche Europa dicht besiedelt ist, werden viele Nahrungsmittel benötigt. Oft ist der Ertrag der europäischen Bauern sogar so hoch, dass noch Gemüse oder Obst in andere Kontinente geliefert werden können.

Dudelsackspieler

Zur traditionellen Garderobe der Männer im schottischen Hochland gehört seit dem 17. Jahrhundert der Kilt, der Schottenrock. Jeder Familienclan hatte damals sein eigenes Karomuster, sodass man die einzelnen Familienmitglieder bereits am Outfit erkennen konnte.

Der Eiffelturm

Der Eiffelturm in Paris wurde anlässlich der Weltausstellung im Jahre 1889 errichtet. Namensgeber und Baumeister war der Franzose Gustave Eiffel, der den über 300 Meter hohen Stahlkoloss konstruierte. Am Anfang waren die Pariser alles andere als begeistert über das Ungetüm, das ihrer Meinung nach das Stadtbild verschandeln würde. Heute ist der Turm natürlich längst Wahrzeichen der Stadt.

Hättest du's gewusst?

Was ist das gelbe Trikot?

Was ist ein Baguette?

Ist die Straße von Gibraltar geteert oder gepflastert?

Die Antworten findest du auf Seite 90 - 91.

Schottischer Dudelsackspieler

Glasgow

Großbritannien

Tower-Bridge

London

Themse

Bobby

Plymouth

Irisches Schaf

Dublin

Irland

Shannon

Niederlande

Atomium

Amsterdam

Brüssel

Belgien

Luxemburg

Luxemburg

Pommes Frites

Seine

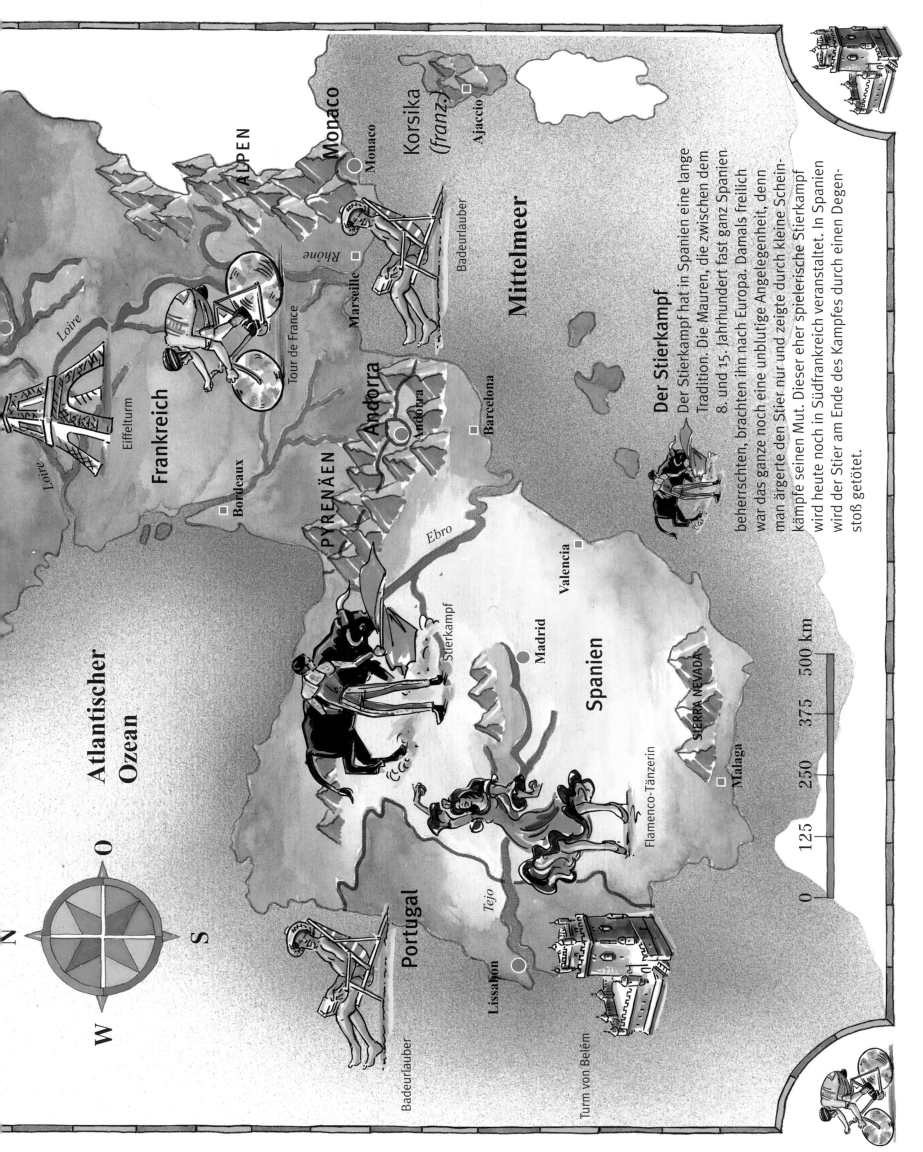

Frankreich

Atlantischer Ozean

ALPEN

Loire

Loire

Eiffelturm

Bordeaux

Tour de France

Marseille

Rhône

Monaco

Monaco

Korsika (franz.)

Ajaccio

PYRENÄEN

Andorra

Andorra

Barcelona

Ebro

Mittelmeer

Badeurlauber

Der Stierkampf

Der Stierkampf hat in Spanien eine lange Tradition. Die Mauren, die zwischen dem 8. und 15. Jahrhundert fast ganz Spanien beherrschten, brachten ihn nach Europa. Damals freilich war das ganze noch eine unblutige Angelegenheit, denn man ärgerte den Stier nur und zeigte durch kleine Schein-kämpfe seinen Mut. Dieser eher spielerische Stierkampf wird heute noch in Südfrankreich veranstaltet. In Spanien wird der Stier am Ende des Kampfes durch einen Degen-stoß getötet.

Spanien

Stierkampf

Valencia

Madrid

SIERRA NEVADA

Malaga

Flamenco-Tänzerin

Portugal

Tejo

Lissabon

Turm von Belém

Badeurlauber

N
W — O
S

0   125   250   375   500 km

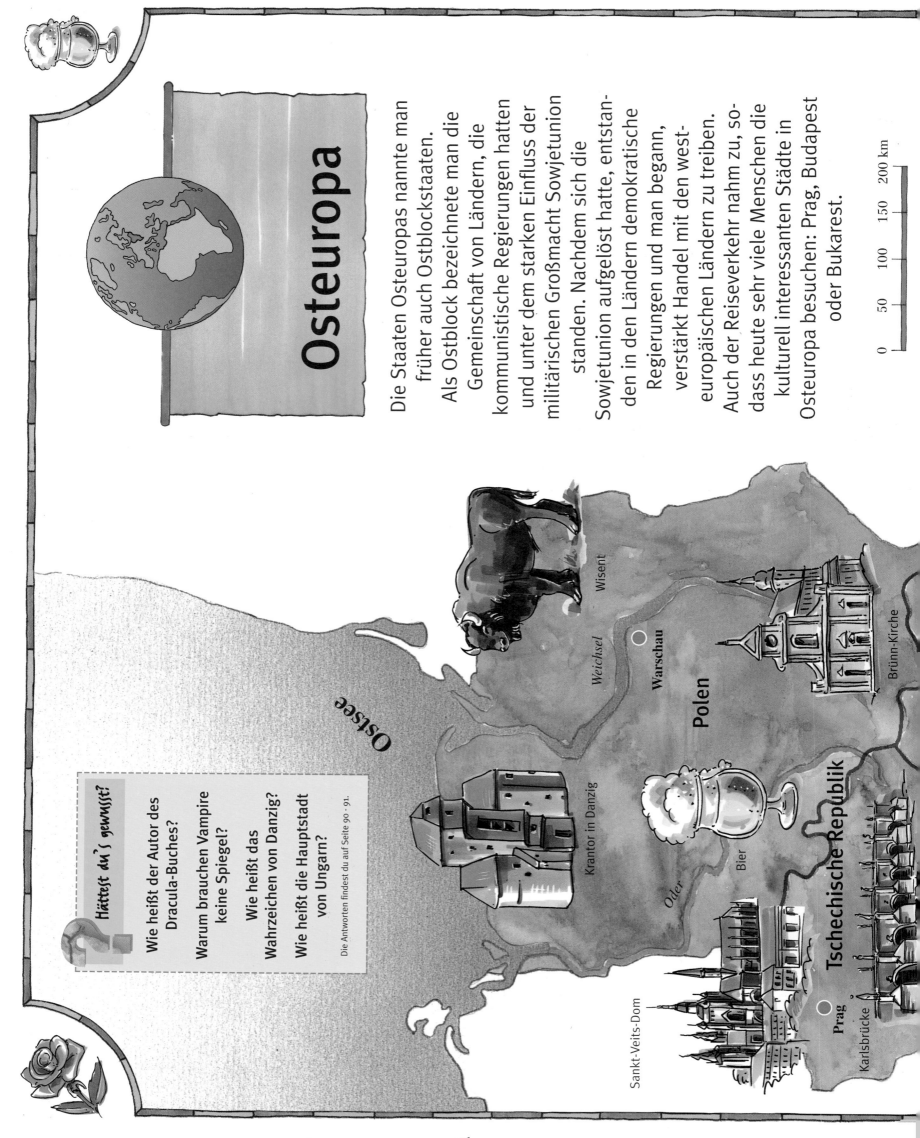

Osteuropa

Die Staaten Osteuropas nannte man früher auch Ostblockstaaten. Als Ostblock bezeichnete man die Gemeinschaft von Ländern, die kommunistische Regierungen hatten und unter dem starken Einfluss der militärischen Großmacht Sowjetunion standen. Nachdem sich die Sowjetunion aufgelöst hatte, entstanden in den Ländern demokratische Regierungen und man begann, verstärkt Handel mit den westeuropäischen Ländern zu treiben. Auch der Reiseverkehr nahm zu, sodass heute sehr viele Menschen die kulturell interessanten Städte in Osteuropa besuchen: Prag, Budapest oder Bukarest.

0   50   100   150   200 km

Hättest du's gewusst?

Wie heißt der Autor des Dracula-Buches?

Warum brauchen Vampire keine Spiegel?

Wie heißt das Wahrzeichen von Danzig?

Wie heißt die Hauptstadt von Ungarn?

Die Antworten findest du auf Seite 90 - 91.

Ostsee

Wisent

Weichsel

Warschau

Polen

Krantor in Danzig

Oder

Bier

Brünn-Kirche

Tschechische Republik

Sankt-Veits-Dom

Prag

Karlsbrücke

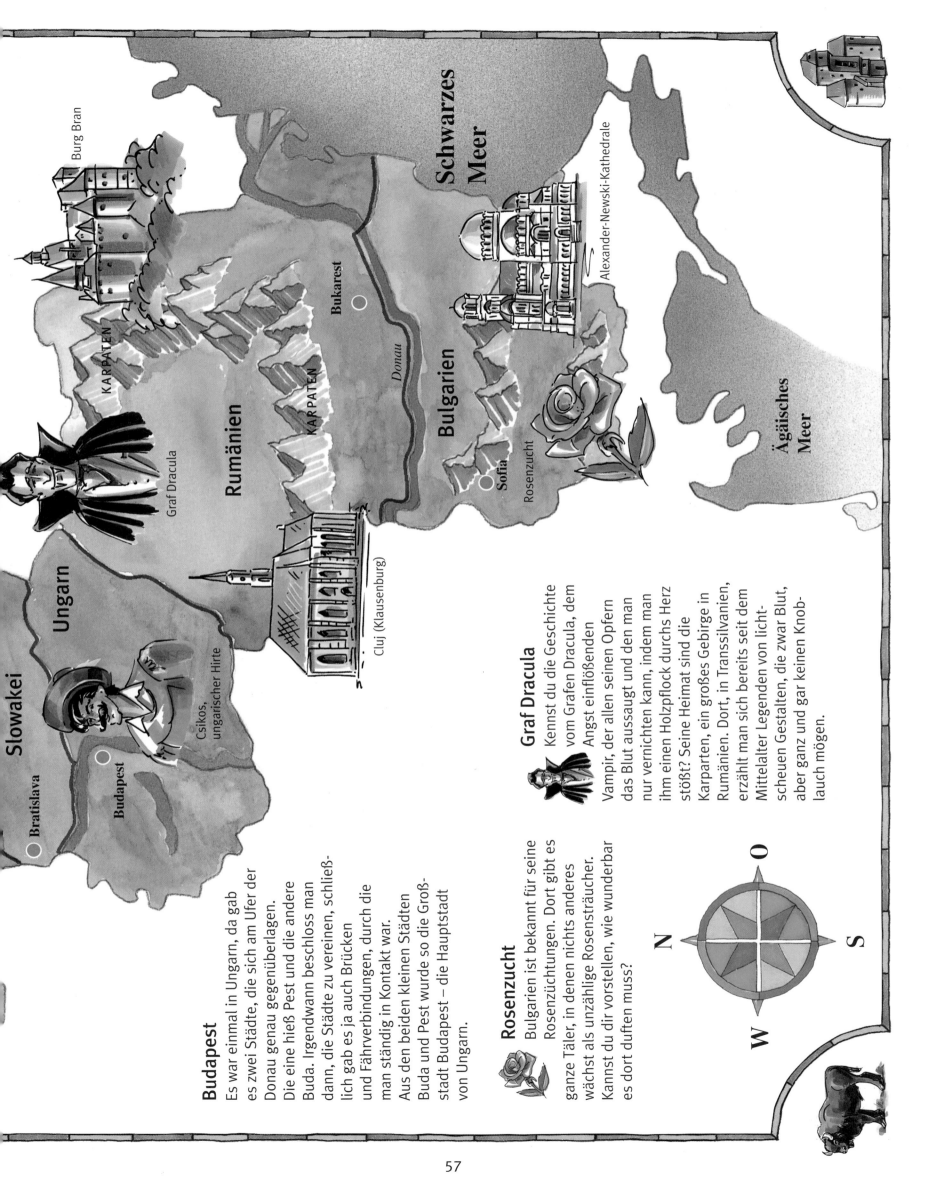

Burg Bran

Schwarzes Meer

KARPATEN

Rumänien

Graf Dracula

Bukarest

KARPATEN

Donau

Bulgarien

Sofia
Rosenzucht

Alexander-Newski-Kathedrale

Ägäisches Meer

Cluj (Klausenburg)

Ungarn

Slowakei

Bratislava

Budapest

Csikos, ungarischer Hirte

Budapest

Es war einmal in Ungarn, da gab es zwei Städte, die sich am Ufer der Donau genau gegenüberlagen. Die eine hieß Pest und die andere Buda. Irgendwann beschloss man dann, die Städte zu vereinen, schließlich gab es ja auch Brücken und Fährverbindungen, durch die man ständig in Kontakt war. Aus den beiden kleinen Städten Buda und Pest wurde so die Großstadt Budapest – die Hauptstadt von Ungarn.

Rosenzucht

Bulgarien ist bekannt für seine Rosenzüchtungen. Dort gibt es ganze Täler, in denen nichts anderes wächst als unzählige Rosensträucher. Kannst du dir vorstellen, wie wunderbar es dort duften muss?

Graf Dracula

Kennst du die Geschichte vom Grafen Dracula, dem Angst einflößenden Vampir, der allen seinen Opfern das Blut aussaugt und den man nur vernichten kann, indem man ihm einen Holzpflock durchs Herz stößt? Seine Heimat sind die Karparten, ein großes Gebirge in Rumänien. Dort, in Transsilvanien, erzählt man sich bereits seit dem Mittelalter Legenden von lichtscheuen Gestalten, die zwar Blut, aber ganz und gar keinen Knoblauch mögen.

N
W — O
S

Oliven

Der Olivenbaum ist eines der wichtigsten Gewächse des Mittelmeerraums. Zwar kann man die leckeren Oliven auch einfach aus der Hand oder auf der Pizza essen. Doch viel häufiger wird aus ihnen Olivenöl gewonnen, eines der gesündesten Speiseöle überhaupt.

Südeuropa

In Südeuropa herrscht ein warmes, mildes Klima. Hier wachsen viele Südfrüchte wie Zitronen, Kiwis oder Orangen, die wir das ganze Jahr über kaufen können. Ein wichtiger Erwerbszweig dieser Länder, besonders wenn sie am Mittelmeer liegen, ist der Tourismus. Viele tausend Menschen fahren jedes Jahr nach Italien, Kroatien oder Griechenland, um sich am Strand zu sonnen und im warmen Meer zu baden.

0   50   100   150   200 km

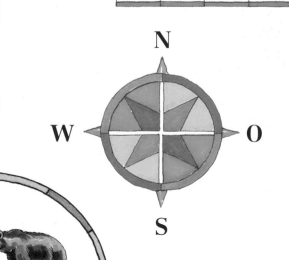

N
W   O
S

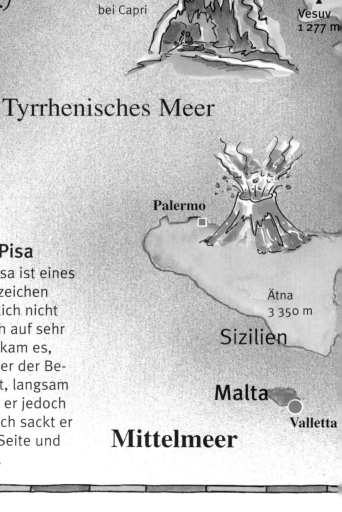

Mailand

Gondeln in Venedig

Ljubljana

Po

Genua

APENNINEN

San Marino

Turm von Pisa

Italien

Papst

Tiber

Pizza

Vatikanstadt

Rom

Sardinien (ital.)

Blaue Grotte bei Capri

Vesuv 1 277 m

Cagliari

Tyrrhenisches Meer

Palermo

Ätna 3 350 m

Sizilien

Malta

Valletta

Mittelmeer

Schiefer Turm von Pisa

Der Schiefe Turm von Pisa ist eines der bekanntesten Wahrzeichen Italiens. Er wurde natürlich nicht schief errichtet, sondern lediglich auf sehr weichem Untergrund erbaut. So kam es, dass sich der Turm, der auch unter der Bezeichnung Kampanile bekannt ist, langsam zur Seite neigte. Dies tat und tut er jedoch nur sehr langsam, denn schließlich sackt er bereits seit über 800 Jahren zur Seite und ist noch immer nicht umgefallen.

Braunbär

Slowenien

Kroatien

Zagreb

Amphitheater von Pula

Sarajewo

Dubrovnik

Bosnien-Herzegowina

Belgrad

Donau

Jugoslawien

Adriatisches Meer

Kollosseum

APENNINEN

Oliven

Ruinen von Pompeji

Makedonien

Skopje

Tirana

Albanien

Oliven

Saloniki

Parthenon-Tempel

Griechenland

PINDOSGEBIRGE

Kreuzfahrtschiff

Oliven

Piräus

Athen

Olympia

Ägäisches Meer

Olympia

In Griechenland findet man die Ruinen der Stadt Olympia. Sie ist die Namensgeberin der Olympischen Spiele, die im Altertum seit 776 nach Christus dort ausgetragen wurden. Schon damals traf man sich alle vier Jahre zu einem bedeutenden sportlichen Wettkampf, der sich aber von den heutigen Spielen gehörig unterschied: So waren erstens nur Griechen zugelassen (die anderen Völker galten als Barbaren), die Sportler waren alle Männer und mussten außerdem die Wettkämpfe völlig nackt austragen.

Pompeji

Die Stadt Pompeji wurde im Jahre 79 nach Christus bei einem Ausbruch des Vulkans Vesuv vollständig zerstört und unter einem Lava- und Ascheregen begraben. Als man vor etwa 130 Jahren mit den Ausgrabungen begann, entdeckte man, dass sich die Stadt unter dem schützenden Lavamantel fast vollständig erhalten hatte.

? Hättest du's gewusst?

Aus was besteht Stracciatella-Eis?

Welches ist das kleinste Land der Erde?

Wo befindet sich die berühmte Blaue Grotte?

Die Antworten findest du auf Seite 90 - 91.

Naher Osten

Der Nahe Osten ist eine sagenhafte Gegend – im wahrsten Sinne des Wortes. Hier entstanden die ersten menschlichen Siedlungen, und hier wandelten die Gestalten der Bibel und anderer heiliger Schriften: Mohammed, der Begründer des Islam, Abraham, Moses, Noah oder Jesus Christus. Am östlichen Rand des Mittelmeers ist es sehr heiß, und große Gebiete sind von Wüsten bedeckt, in denen es kaum Wasser gibt. Dafür verbergen sich unter den riesigen Sanddünen oft ebenso große Ölvorkommen. Der Verkauf von Öl ist für die meisten dieser Länder deshalb auch die Haupteinnahmequelle.

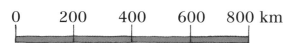

0   200   400   600   800 km

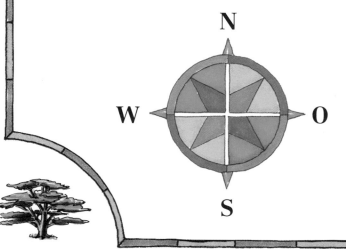

N

W   O

S

Bosporus-Brücke

Ankara

Türkei

TAURUS

Mittelmeer

Hagia Sophia

Nikosia

Zypern

1 Westjordanland

2 Palästinensisches Autonomiegebiet

Israel

Jerusalem

Suez-Kanal

Klagemauer in Jerusalem

Felsendom

Suez-Kanal

Der Suez-Kanal ist neben dem Panama-Kanal in Mittelamerika die wichtigste künstliche Wasserstraße der Welt. Wenn du dir die Weltkarte betrachtest, siehst du, welchen Umweg die Schiffe vor dem Bau des Kanals fahren mussten, wenn sie vom Mittelmeer nach Asien wollten. Sie mussten ganz Afrika umschiffen! Der Kanal ist fast 200 Kilometer lang, und die Schiffe brauchen über 15 Stunden, um vom Mittelmeer in den Golf von Suez zu gelangen.

Jerusalem

Die Klagemauer in Jerusalem ist eines der größten Heiligtümer der Juden. Sie ist der westliche Mauerteil eines großen Tempels und etwa 50 Meter lang. Die religiösen Juden stellen sich direkt vor diese Mauer und beten. Sie beichten und vertrauen der Mauer ihre Sorgen und Ängste an. Daher auch der Name Klagemauer.

Mekka

Mekka ist der Geburtsort des Propheten Mohammed, des Begründers des Islam. Die Stadt liegt in Saudi-Arabien und darf nur von Moslems, also von Menschen, die an den Islam glauben, betreten werden. Jeder volljährige Moslem sollte in seinem Leben einmal nach Mekka pilgern und dort sieben Mal um die schwarze Kaaba laufen, einem riesigen Steinblock, der den Moslems heilig ist.

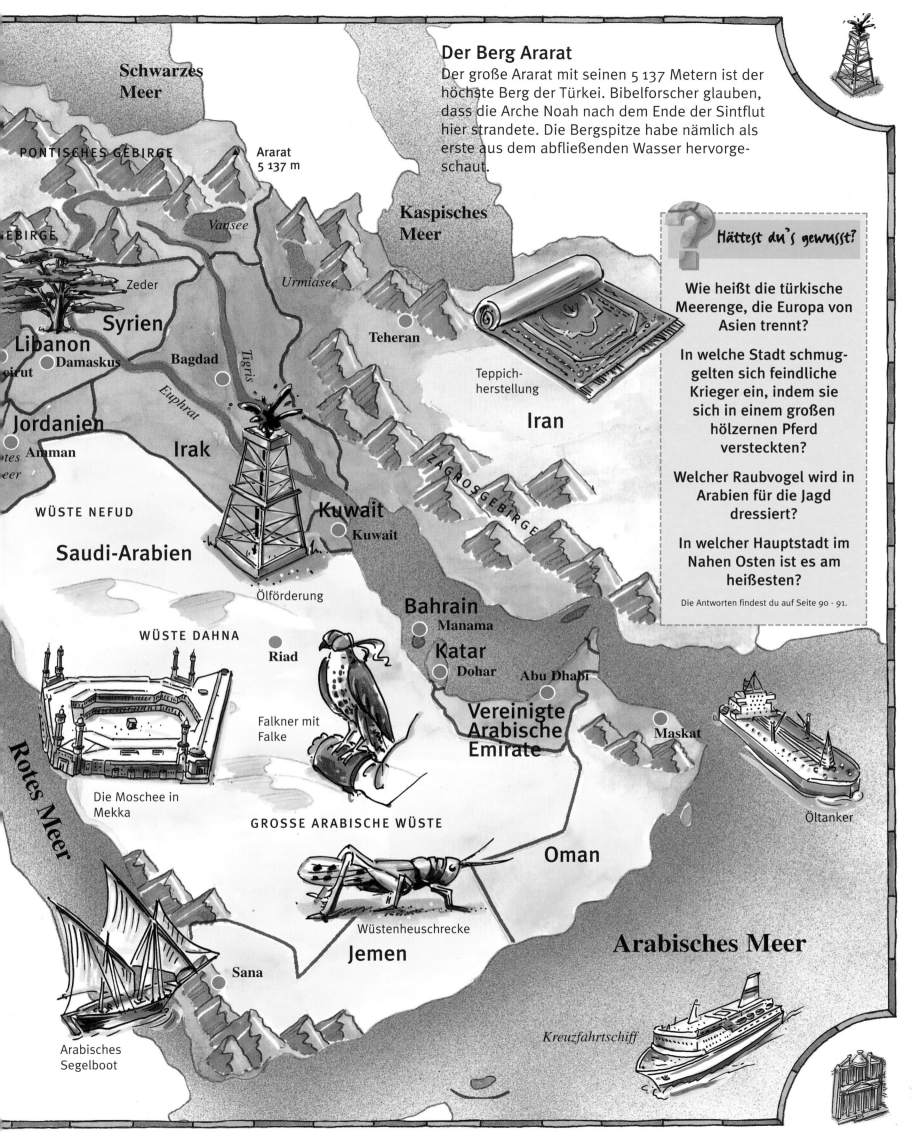

Der Berg Ararat

Der große Ararat mit seinen 5 137 Metern ist der höchste Berg der Türkei. Bibelforscher glauben, dass die Arche Noah nach dem Ende der Sintflut hier strandete. Die Bergspitze habe nämlich als erste aus dem abfließenden Wasser hervorgeschaut.

Hättest du's gewusst?

Wie heißt die türkische Meerenge, die Europa von Asien trennt?

In welche Stadt schmuggelten sich feindliche Krieger ein, indem sie sich in einem großen hölzernen Pferd versteckten?

Welcher Raubvogel wird in Arabien für die Jagd dressiert?

In welcher Hauptstadt im Nahen Osten ist es am heißesten?

Die Antworten findest du auf Seite 90 - 91.

Schwarzes Meer

PONTISCHES GEBIRGE

Ararat 5 137 m

Vansee

Kaspisches Meer

EBIRGE

Zeder

Urmiasee

Teheran

Syrien

Libanon

Damaskus

eirut

Bagdad

Tigris

Euphrat

Teppichherstellung

Iran

Jordanien

otes eer

Amman

Irak

ZAGROSGEBIRGE

WÜSTE NEFUD

Kuwait

Kuwait

Saudi-Arabien

Ölförderung

Bahrain

Manama

WÜSTE DAHNA

Riad

Katar

Dohar

Abu Dhabi

Falkner mit Falke

Vereinigte Arabische Emirate

Maskat

Rotes Meer

Die Moschee in Mekka

GROSSE ARABISCHE WÜSTE

Oman

Öltanker

Wüstenheuschrecke

Arabisches Meer

Jemen

Sana

Arabisches Segelboot

Kreuzfahrtschiff

Russland und seine Nachbarn

Russland ist das größte Land der Erde. Weite Teile davon sind fast unbewohnbar, weil die Lebensbedingungen dort so schlecht sind. Ganz im Norden und im nordöstlichen Sibirien liegt zum Beispiel die meiste Zeit im Jahr hoher Schnee, und es ist bitterkalt. Die meisten Russen wohnen deshalb im Süden des Landes oder im europäischen Westteil. Dort befinden sich auch die großen Städte. Russland hat früher über die anderen Länder, die du auf dieser Karte siehst, geherrscht. Dieser Staatenbund nannte sich Sowjetunion. Inzwischen sind die anderen Länder wieder unabhängig geworden.

Kaviar

Kaviar ist eine ganz besondere Delikatesse und eines der teuersten Lebensmittel. Der berühmteste und beste Kaviar kommt aus den russischen Gewässern. Wieso aus dem Wasser? Na, als Kaviar bezeichnet man nichts anderes als Fischeier, die gesalzen und gewürzt sehr lecker schmecken. Für den echten Kaviar verwendet man nur die Eier, die auch Rogen genannt werden, der Fischsorte Stör. Dieser lebt hauptsächlich im Schwarzen und im Kaspischen Meer.

zu Russland
Litauen
Lettland
Estland
Vilnius   Riga   Tallinn
Weißrussland
Taiga
Minsk
Moldawien   Moskau   URALGEBIRGE
Kischinau   Kiew   Basilius-Kathedrale
Ukraine   Don
Wolga
Irtysch
Schwarzes Meer   Kasatschok-Tänzer
Ural
Georgien   Kasachstan
Tbilissi   Kaspisches Meer   CCCP
Jerewan   Aralsee   Raumfahrtbahnhof Baikonur
Armenien   Aserbaidschan
Baku   Balchasee   Almaty
Usbekistan
N   Taschkent   Bischkek
Turkmenistan   Kirgisistan
W   O   Duschanbe
Aschchabad   Tadschikistan
S

0   250   500   750   1000 km

Kaspisches Meer

Das Kaspische Meer ist der größte See der Welt, aber nicht der tiefste. Das ist nämlich der Baikalsee, der in den Wintermonaten oft so tief gefroren ist, dass Autos darüber hinweg fahren können.

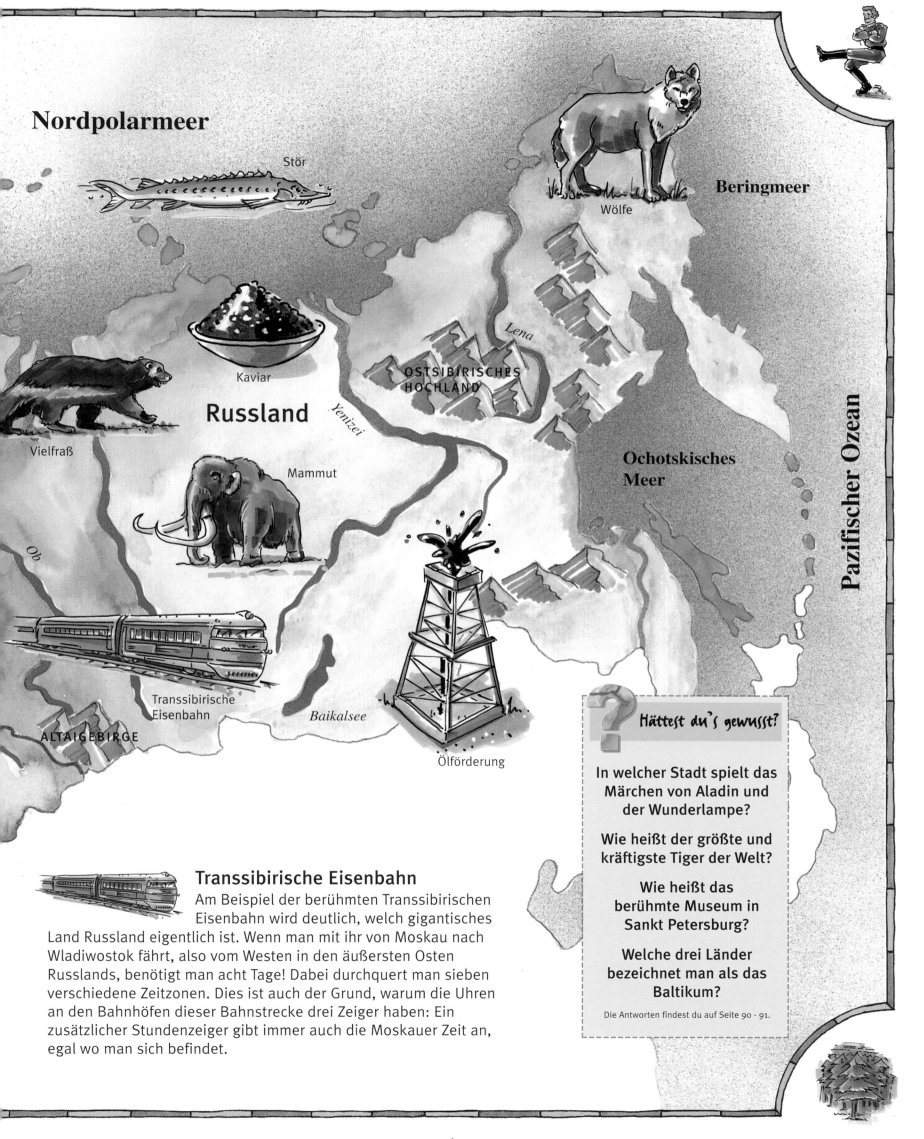

Nordpolarmeer

Stör

Wölfe

Beringmeer

Kaviar

Lena

Russland

Vielfraß

Yenizei

OSTSIBIRISCHES
HOCHLAND

Mammut

**Ochotskisches
Meer**

Ob

Transsibirische
Eisenbahn

ALTAIGEBIRGE

Baikalsee

Ölförderung

Pazifischer Ozean

Transsibirische Eisenbahn

Am Beispiel der berühmten Transsibirischen Eisenbahn wird deutlich, welch gigantisches Land Russland eigentlich ist. Wenn man mit ihr von Moskau nach Wladiwostok fährt, also vom Westen in den äußersten Osten Russlands, benötigt man acht Tage! Dabei durchquert man sieben verschiedene Zeitzonen. Dies ist auch der Grund, warum die Uhren an den Bahnhöfen dieser Bahnstrecke drei Zeiger haben: Ein zusätzlicher Stundenzeiger gibt immer auch die Moskauer Zeit an, egal wo man sich befindet.

Hättest du's gewusst?

In welcher Stadt spielt das Märchen von Aladin und der Wunderlampe?

Wie heißt der größte und kräftigste Tiger der Welt?

Wie heißt das berühmte Museum in Sankt Petersburg?

Welche drei Länder bezeichnet man als das Baltikum?

Die Antworten findest du auf Seite 90 - 91.

Mittelasien und Vorderindien

In Mittelasien befindet sich das höchste Gebirge der Welt, der Himalaja. Auf dem Dach der Welt, wie es auch genannt wird, fühlten sich die Menschen schon immer Gott sehr nahe – und so verwundert es nicht, dass sich hier und in den umliegenden Ländern viele verschiedene Religionen entwickelten. Wer Indien oder seine Nachbarstaaten bereist, stößt überall auf Spuren dieser tief sitzenden Gläubigkeit: auf mächtige Tempelanlagen und Klöster oder auf Mönche, die in ihren bunten Gewändern umherziehen. Selbst die vielen Kühe, die in Indien frei herumlaufen, haben etwas mit Religiosität zu tun: Sie sind nämlich den Hindus, der größten Glaubensgemeinschaft Indiens, heilig und dürfen nicht geschlachtet werden.

Schafherde

HINDUKUSCH

Kabul

Islamabad

Afghanistan

Teppich-
herstellung

Pakistan

Indus

WÜSTE THARR

Neu-Del

Indien

Schlangen-
beschwörer

Asiatischer Löwe

Bombay

Arabisches Meer

Rikscha

Heilige Kuh

0   250   500   750   1000 km

N

W   O

S

Indischer

Schlangenbeschwörer

Vielleicht hast du schon einmal von den Schlangenbeschwörern gehört, die scheinbar mit Hilfe von Flötenmusik die kriechenden Reptilien aus den Körben locken. Oft sieht das dann so aus, als ob die Schlangen zur Musik tanzen. Schlangen haben aber gar keine Ohren. Sie folgen einfach nur den Bewegungen des Beschwörers, der beim Flöten seinen Körper hin- und herschwingt.

Religionen

Die Religionen im mittleren Asien sind untereinander sehr verschieden. Manche Menschen glauben dort, wie die Christen oder Moslems, nur an einen einzigen Gott. Andere, wie die Hindus, beten dagegen eine Vielzahl von Göttern an, die jeweils andere Funktionen haben. Da gibt es Götter, die für Gesundheit sorgen, andere helfen in Liebesangelegenheiten, wieder andere sind böse und müssen besänftigt werden.

K 2
Godwin Austen
8 610 m

ARAKORUM

Schneeleopard

Tempel

H I M A L A J A

Nepal

Bhutan

Katmandu

Thimbu

Ganges

Brahmaputra

Badende Inder

Dhaka

Kalkutta

Bangladesch

Mahanadi

Tadsch Mahal

Hättest du's gewusst?

Was ist ein Fakir?

Curry nennt man eine Mischung aus verschiedenen scharfen Gewürzen. Weißt du, welche Gewürze man dazu am häufigsten verwendet?

Die Antworten findest du auf Seite 90 - 91.

Statue des
indischen Gottes
Shiva

Krishna

Golf von Bengalen

Asiatischer Löwe

Nicht nur in Afrika, sondern auch in Asien gibt es Löwen. Die Mähne dieser Löwen ist aber viel kürzer als die ihrer afrikanischen Verwandten. Im Gir-Lion-Nationalpark im Bundesstaat Gujarat leben die letzten 200 Exemplare.

Der Ganges

Der Fluss Ganges ist den Indern heilig. Sie glauben, dass das Wasser heilende Wirkung hat und baden sehr oft darin. Deshalb stehen viele Tempel auch direkt am Ufer des Ganges – die schönsten davon in der Stadt Varanasi.

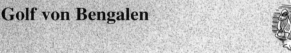

Das Tadsch Mahal

Das Tadsch Mahal ist das meistfotografierte Bauwerk Indiens. Es wurde aus weißem Marmor und vielen Edelsteinen gebaut und sieht aus wie ein herrschaftlicher Palast. Ist es aber nicht: Schah Dschahan ließ das Tadsch Mahal als Grabmal für seine verstorbene Lieblingsfrau errichten. 20 Jahre lang arbeiteten 20 000 Menschen daran. Er muss seine Frau also sehr geliebt haben.

Tee-Ernte

Sri Lanka

Colombo

Ozean

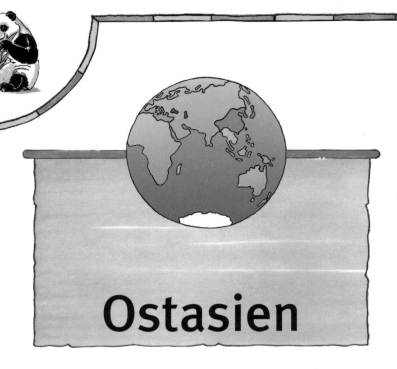

Ostasien

Der größte Staat im Osten Asiens ist China, in dem über eine Milliarde Menschen leben – das sind ein Fünftel aller Menschen auf der Welt! Wenn man bedenkt, dass ein großer Anteil Ostasiens aus Wüsten und sehr hohen Bergen besteht, wo nur wenige Menschen leben können, dann kann man sich gut vorstellen, welches Gedränge in den fruchtbaren Ebenen und Küstengebieten herrschen muß. Kaum Platz bleibt dort auch für wilde Tiere – von denen deshalb auch viele vom Aussterben bedroht sind, wie zum Beispiel der seltene Panda-Bär.

```
0     125    250    375    500 km
```

Moschus

Moschus ist ein Duft, der in der Parfümherstellung häufig verwendet wird. Viele Menschen glauben, Moschus stamme vom Moschusochsen, der aber nur leicht nach Moschus riecht. Das echte Moschus stammt von männlichen Moschustieren, einer ostasiatischen Hirschart.

ALTAIGEBIRGE

Panda-Bär

WÜSTE TAKLA MAKAN

Moschustier

China

Buddhistischer Mönch

H I M A L A J A

Mount Everest 8 884 m

Tibetisches Hochland

Seidenmalerei

Die Seidenspinnerei und -malerei hat in China eine uralte Tradition. Seide gewinnt man aus den Fäden, die die Raupe des Seidenspinners, einer Schmetterlingsart, erzeugt. Wenn sich die Raupe verpuppt, um ein Schmetterling zu werden, wickelt sie sich selbst in eine Hülle ein, die man Kokon nennt. Die Chinesen erkannten als Erste, dass man aus diesen stabilen Kokonfäden hervorragend Stoffe machen kann. Deshalb begannen sie bereits vor 3 000 Jahren, Seidenspinner zu züchten.

Essstäbchen

Die Chinesen essen, wie die meisten Asiaten, mit Stäbchen. Es gibt aber noch andere Tischsitten, die sich von den europäischen unterscheiden. So ist in China zum Beispiel das Naseputzen am Esstisch streng verboten. Auch der Speiseplan sieht anders aus, denn die Chinesen essen auch Tiere wie Hunde, Ratten oder Heuschrecken.

Japanische Zierkirsche

Die Kirschblüte ist das Nationalsymbol Japans. Jedes Jahr reisen viele Japaner in die Stadt Osaka, in der es einen riesigen Park mit Kirschbäumen gibt. Dort picknicken sie dann mit ihren Familien unter den blühenden Bäumen.

Mount Everest

Der Mount Everest ist 8 884 Meter hoch und somit der höchste Berg der Welt. Er liegt an der Grenze zwischen Tibet und Nepal und wurde im Jahr 1953 zum ersten Mal bestiegen.

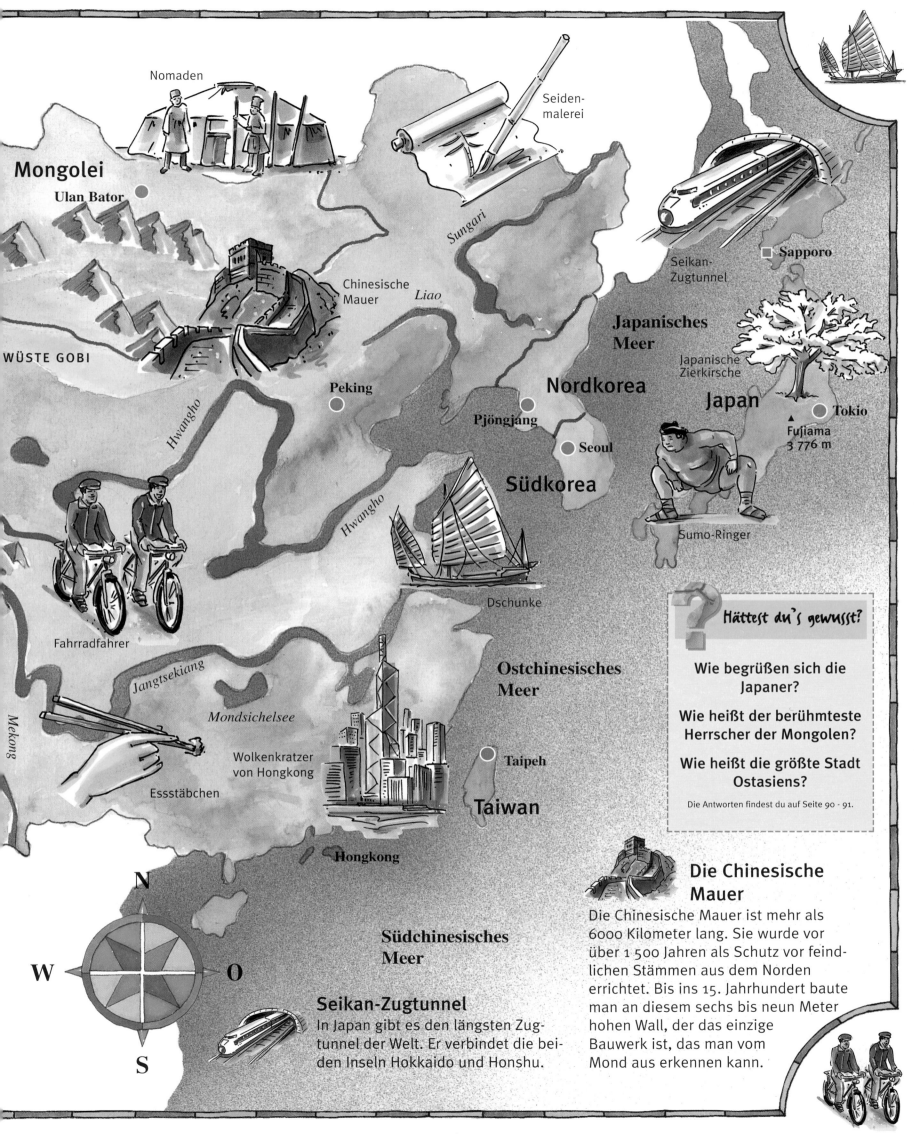

Nomaden

Seiden-
malerei

Mongolei

Ulan Bator

Sungari

Chinesische
Mauer

Liao

WÜSTE GOBI

Seikan-
Zugtunnel

☐ **Sapporo**

**Japanisches
Meer**

Japanische
Zierkirsche

Hwangho

Peking

Nordkorea

Japan

Pjöngjang

▲ **Tokio**
Fujiama
3 776 m

Hwangho

Seoul

Südkorea

Sumo-Ringer

Fahrradfahrer

Dschunke

**Ostchinesisches
Meer**

Jangtsekiang

Mondsichelsee

Mekong

Wolkenkratzer
von Hongkong

Taipeh

Essstäbchen

Taiwan

Hongkong

? Hättest du's gewusst?

**Wie begrüßen sich die
Japaner?**

**Wie heißt der berühmteste
Herrscher der Mongolen?**

**Wie heißt die größte Stadt
Ostasiens?**

Die Antworten findest du auf Seite 90 - 91.

N

W   **O**

S

**Südchinesisches
Meer**

Die Chinesische
Mauer

Die Chinesische Mauer ist mehr als
6000 Kilometer lang. Sie wurde vor
über 1 500 Jahren als Schutz vor feindlichen Stämmen aus dem Norden
errichtet. Bis ins 15. Jahrhundert baute
man an diesem sechs bis neun Meter
hohen Wall, der das einzige
Bauwerk ist, das man vom
Mond aus erkennen kann.

Seikan-Zugtunnel

In Japan gibt es den längsten Zugtunnel der Welt. Er verbindet die beiden Inseln Hokkaido und Honshu.

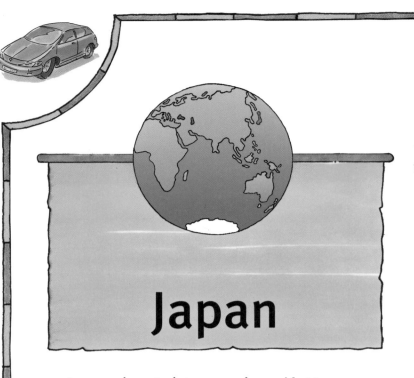

Japan

Japan besteht aus einer Kette von Inseln, die östlich des asiatischen Kontinents liegt. Die Hauptstadt Tokio befindet sich auf der größten der Inseln, Hondo. In Japan gibt es den letzten regierenden Kaiser der Welt, der allerdings kaum noch Macht besitzt. Er muss die Befehle des Parlaments befolgen, denn Japan ist eine moderne Demokratie. Wie modern und fortschrittlich Japan ist, sieht man an den Industrieprodukten, die Nippon (so heißt Japan in der Landessprache) in die ganze Welt liefert. Schau dich nur einmal in eurer Wohnung um, wie viele japanische Produkte es da gibt – und fang bei Walkman, Playstation und Videorecorder an!

Reis

Reis ist die wichtigste Getreidesorte Asiens. Auf keinem anderen Kontinent ist Reis so verbreitet, denn für den Reisanbau benötigt man viel Wasser und sehr warme Temperaturen. Auch in Japan gehört Reis zu fast jeder Mahlzeit – und die unzähligen Reisfelder bedecken das Land wie ein großer, grüner Teppich. Eine weitere Lieblingsspeise der Japaner ist Fisch, den sie sogar roh – als Sushi – verzehren.

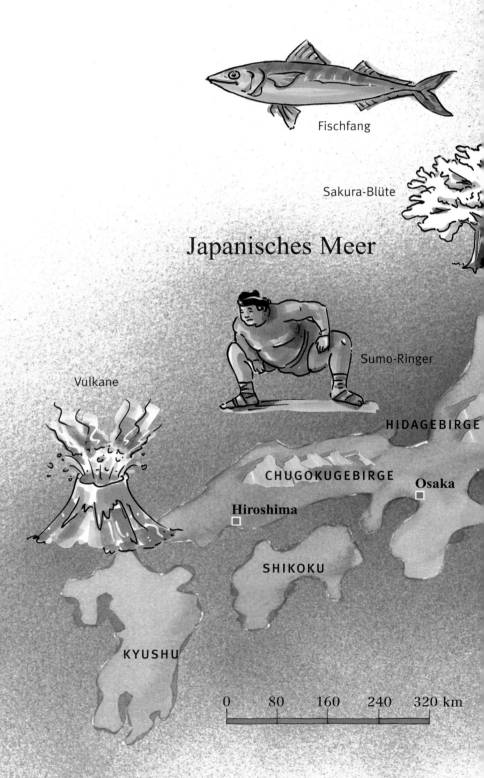

Fischfang

Sakura-Blüte

Japanisches Meer

Sumo-Ringer

Vulkane

HIDAGEBIRGE

CHUGOKUGEBIRGE

Osaka

Hiroshima

SHIKOKU

KYUSHU

0   80   160   240   320 km

N
W   O
S

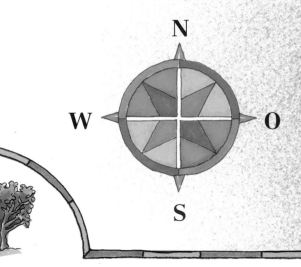

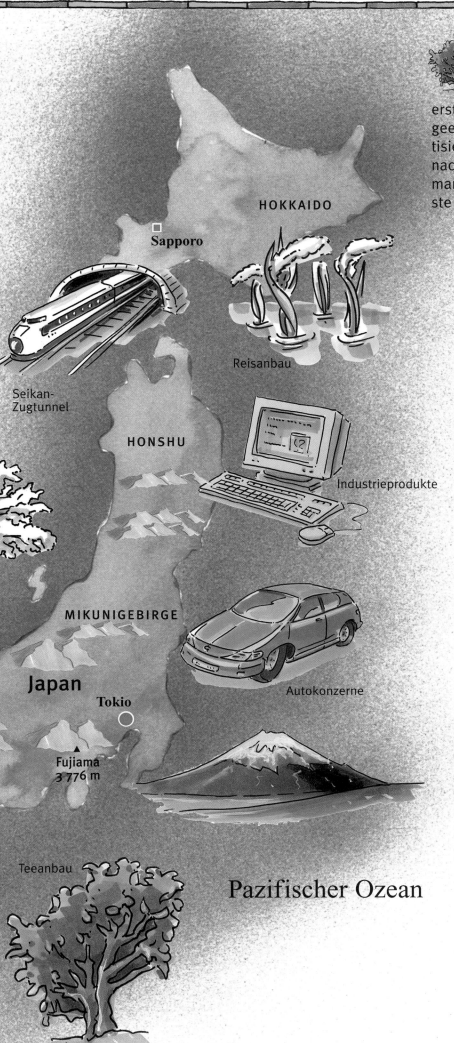

Tee

China ist wahrscheinlich die Urheimat des Teestrauchs, zumindest wurden hier die ersten Teesträucher angepflanzt und die Blätter geerntet. Die Teespezialität der Japaner sind aromatisierte Tees, die nach einer bestimmten Blüte oder nach einer Frucht schmecken – denn in China trinkt man den Tee ohne Milch und Zucker. Der bekannteste dieser Aroma-Tees ist der Jasmin-Tee.

Fujiama

Das Nationalsymbol Japans ist der 3.776 Meter hohe Berg Fujiama, dessen Gipfel immer mit Schnee bedeckt ist. Der heilige Berg Japans ist ein erloschener Vulkan. Sein Gipfel ist bei klarer Sicht sogar in der Hauptstadt Tokio zu sehen.

Elektronik

Japanische Industrieprodukte werden in die ganze Welt geliefert, denn sie gelten als besonders gut und sind von hohem technischen Entwicklungsstand. Fernseher, Videorecorder, Walkman, Spielkonsolen, HiFi-Anlagen, Computerspiele – und natürlich auch Motorräder und Autos: Aus Japan kommt viel Nützliches – und vieles, das Spaß macht.

HOKKAIDO

Sapporo

Reisanbau

Seikan-Zugtunnel

HONSHU

Industrieprodukte

MIKUNIGEBIRGE

Japan

Autokonzerne

Tokio

Fujiama
3 776 m

Teeanbau

Pazifischer Ozean

Hättest du's gewusst?

Essen die Japaner wie wir mit Messer und Gabel?

Weißt du, wie man den japanischen Nationalsport nennt, bei dem sehr dicke Männer versuchen, sich gegenseitig umzuwerfen?

Wie nennen die Japaner Essenszubereitungen mit rohem Fisch?

Wie heißt die Geldwährung, mit der die Japaner bezahlen?

Die Antworten findest du auf Seite 90 - 91.

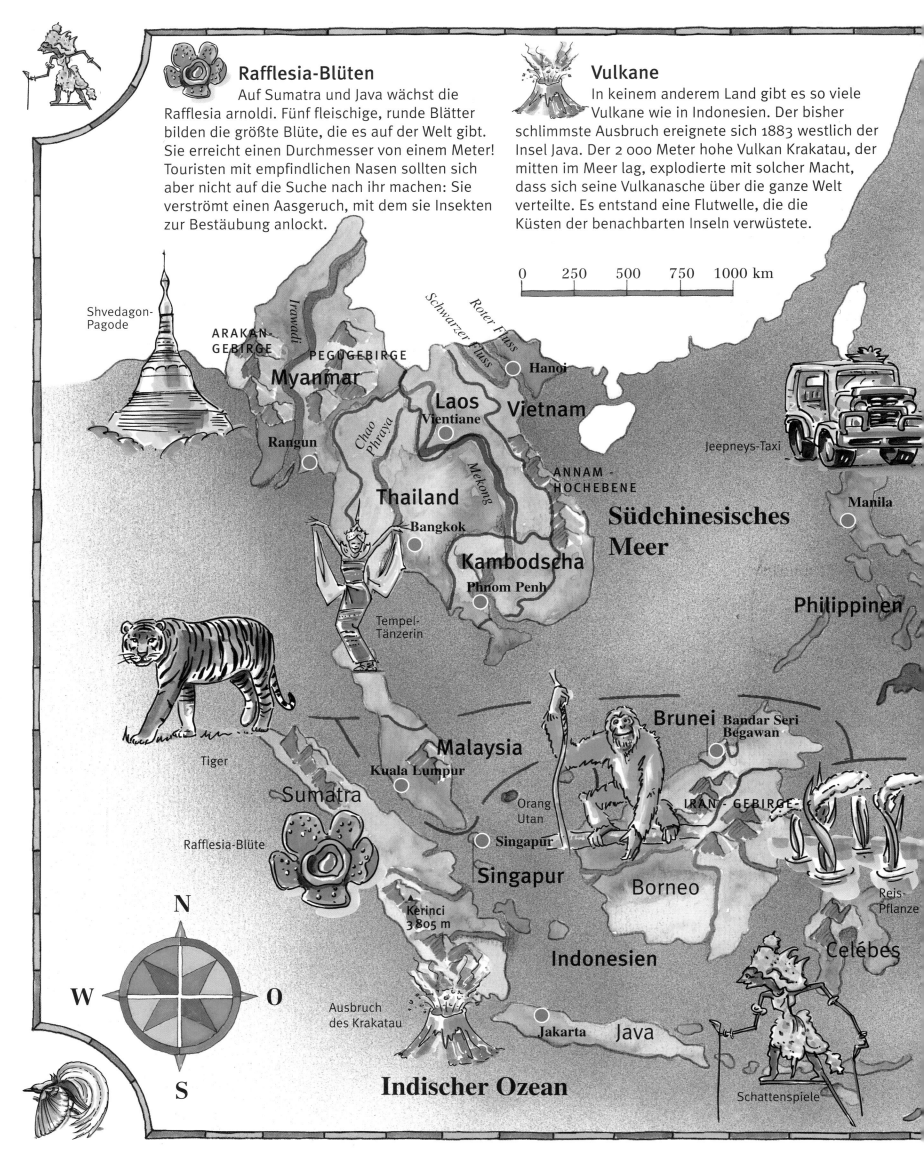

Rafflesia-Blüten

Auf Sumatra und Java wächst die Rafflesia arnoldi. Fünf fleischige, runde Blätter bilden die größte Blüte, die es auf der Welt gibt. Sie erreicht einen Durchmesser von einem Meter! Touristen mit empfindlichen Nasen sollten sich aber nicht auf die Suche nach ihr machen: Sie verströmt einen Aasgeruch, mit dem sie Insekten zur Bestäubung anlockt.

Vulkane

In keinem anderem Land gibt es so viele Vulkane wie in Indonesien. Der bisher schlimmste Ausbruch ereignete sich 1883 westlich der Insel Java. Der 2 000 Meter hohe Vulkan Krakatau, der mitten im Meer lag, explodierte mit solcher Macht, dass sich seine Vulkanasche über die ganze Welt verteilte. Es entstand eine Flutwelle, die die Küsten der benachbarten Inseln verwüstete.

0   250   500   750   1000 km

Shvedagon-Pagode

ARAKAN-GEBIRGE

Irawadi

PEGUGEBIRGE

Schwarzer Fluss

Roter Fluss

Myanmar

Hanoi

Rangun

Chao Phraya

Laos

Vientiane

Vietnam

Mekong

ANNAM-HOCHEBENE

Thailand

Jeepneys-Taxi

Bangkok

Südchinesisches Meer

Manila

Kambodscha

Phnom Penh

Tempel-Tänzerin

Philippinen

Tiger

Malaysia

Brunei Bandar Seri Begawan

Kuala Lumpur

IRAN-GEBIRGE

Sumatra

Orang Utan

Rafflesia-Blüte

Singapur

Singapur

Borneo

Reis-Pflanze

Kerinci 3 805 m

Indonesien

Celébes

N

W   O

Ausbruch des Krakatau

Jakarta   **Java**

Indischer Ozean

S

Schattenspiele

Orang-Utans

Der Orang-Utan ist ein Menschenaffe, der in den Regenwäldern Borneos und Sumatras lebt. In der Sprache der Malaien heißt Orang-Utan „Waldmensch". Er lebt hauptsächlich in den Bäumen und hält sich nur ungern am Boden auf.

Der Sarong

In Asien tragen die Männer nur selten Hosen. Sie schlingen sich viel häufiger ein Tuch um den Bauch und die Beine, das aussieht wie ein langer Rock. In Indonesien und Malaysia nennt man diese Tücher Sarongs. Sie sind übrigens sehr bequem, und wenn man mal auf die Toilette muss, braucht man sie nur hoch zu heben.

Komodo-Warane

Die Komodo-Inseln waren bei den Seefahrern früherer Jahrhunderte sehr gefürchtet. Es soll dort Drachen geben, hieß es, die auch Menschen verschlingen würden. Und tatsächlich war diese Angst nicht unbegründet. Dort lebt nämlich der größte aller Warane, der Komodo-Waran. Diese Echsenart wird bis zu drei Metern lang und kann auch Menschen gefährlich werden.

Hättest du's gewusst?

Welche Religion haben die meisten Bewohner der Insel Bali?

Was ist eine Pagode?

Was passiert, wenn man einen Gecko am Schwanz festhält?

Was ist ein Monsun?

Die Antworten findest du auf Seite 90 - 91.

Hinterindien und Südostasien

Um die vielen verschiedenen Kulturen Hinterindiens und Südostasiens zu beschreiben, reichen ein paar Zeilen nicht aus. In diesem Gebiet gibt es zigtausende von kleinen und großen Inseln, deren Bewohner sich wegen der gefährlichen Meeresströmungen tausende von Jahren nicht besuchen konnten. Deshalb entwickelten sich auf fast jeder Insel eine eigene Sprache und andere Sitten. Erst als die Boote sicherer gebaut wurden, konnte man sich austauschen, und die Völker begannen, sich untereinander zu vermischen.

Indonesier im Sarong

Pazifischer Ozean

Indonesien

MAOKEGEBIRGE

▲ Puncak Jaya
5030 m

▲ Mount Wilhelm
4508 m

Paradiesvogel

Papua-Neuguinea

Port Moresby

Komodo-Waran

Der Koala-Bär

Ein Koala-Bär ist sehr selten und stark vom Aussterben bedroht, weil er nur Blätter einer einzigen Pflanze frisst – dem Eukalyptusbaum oder -strauch.

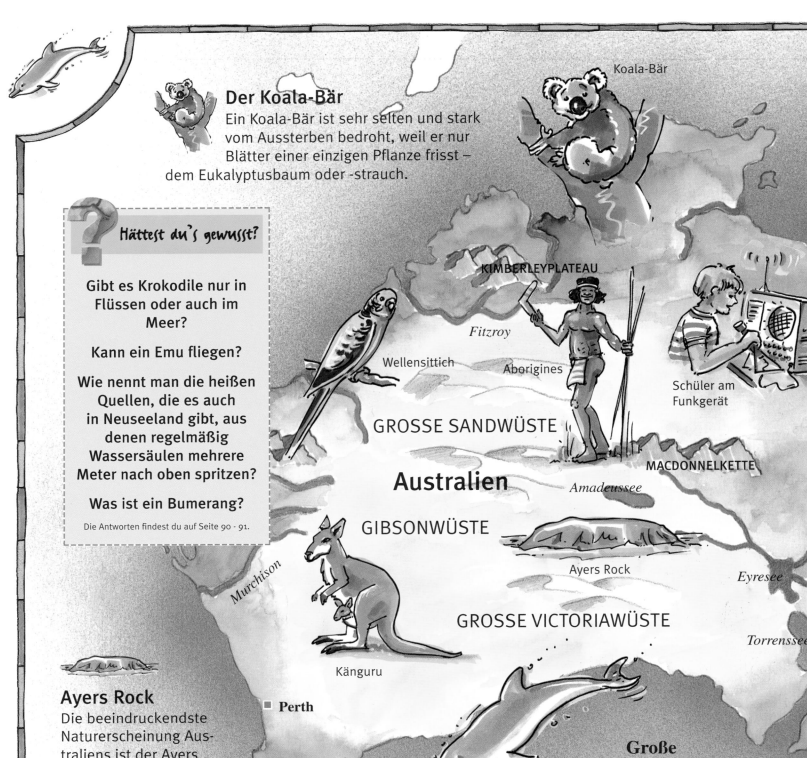

Koala-Bär

? Hättest du's gewusst?

Gibt es Krokodile nur in Flüssen oder auch im Meer?

Kann ein Emu fliegen?

Wie nennt man die heißen Quellen, die es auch in Neuseeland gibt, aus denen regelmäßig Wassersäulen mehrere Meter nach oben spritzen?

Was ist ein Bumerang?

Die Antworten findest du auf Seite 90 - 91.

KIMBERLEYPLATEAU

Fitzroy

Wellensittich

Aborigines

Schüler am Funkgerät

Flinders

GROSSE SANDWÜSTE

MACDONNELKETTE

Australien

Amadeussee

GIBSONWÜSTE

Ayers Rock

Diamantina

Eyresee

Coopers Creek

Murchison

GROSSE VICTORIAWÜSTE

Torrenssee

Känguru

Perth

Delfin

Große Australische Bucht

Adelaide

Murra

Ayers Rock

Die beeindruckendste Naturerscheinung Australiens ist der Ayers Rock. Er ist ein riesiger Felsblock mitten in einer völlig flachen Wüstenebene. Weil der fast 1 000 Meter hohe Felsen in der Abend- dämmerung rot leuch- tet und auch noch wichtige Wasserquellen birgt, ist er ein großes Heiligtum der Urein- wohner, den Aborigines.

Schulunterricht am Funkgerät

Australien ist ein sehr flaches Land, wo es un- zählige Rinder- und Schafs- farmen gibt. Da diese viele Kilometer auseinander liegen, hat fast jeder Farmer ein kleines Flugzeug. Damit kann man sich schneller fortbewe- gen und auch mal in eine weiter entfernte Stadt gelan- gen. Der Schulunterricht findet praktischerweise am Funkgerät statt.

Wellensittich

Wenn einem Kind in Australien ein Wellen- sittich wegfliegt, hat es große Probleme, ihn wie- derzufinden. Denn Austra- lien ist die Heimat der Wellensittiche, die dort in riesigen Schwärmen durch die Luft fliegen.

Großes Barriereriff

Das Große Barriereriff ist das größte Korallenriff der Welt. Es liegt unter Wasser und hat sich in vielen tausend Jahren aus den Skeletten der Korallen ge- bildet.

Indischer

0   250   500   750   1000 km

Kiwis

Es ist noch gar nicht so lange her, da wurden Kiwis nur in Neuseeland angebaut und waren bei uns in Europa sehr teuer, weil der Lieferweg so lang war. Heute kommen die meisten Kiwis aus Italien, das viel näher bei Deutschland liegt. Das macht die neuseeländischen Bauern sehr traurig, denn teure Früchte will nun niemand mehr kaufen!

Schafscherer

GROSSES BARRIERERIFF

AUSTRALISCHES BERGLAND

Bumerang

Hai

Darling

Brisbane

Sydney

Canberra

Mount Kosciusko 2 230 m

Oper in Sydney

Melbourne

Tasmansee

N

W   O

S

Tasmanien

zean

Australien und Neuseeland

Australien und Neuseeland liegen aus geographischer Sicht am anderen Ende der Welt. Was dort passiert und was die Menschen auf diesem kleinsten aller Kontinente so treiben, das steht nur selten bei uns in der Zeitung. Doch was so weit weg ist, muss deshalb nicht uninteressant sein. In Australien und Neuseeland gibt es nämlich viel Ungewöhnliches zu entdecken, wie etwa Tiere, die ihre Jungen in Bauchbeuteln herumtragen, Kinder, die von einem unsichtbaren Lehrer unterrichtet werden, oder einen riesigen Felsen, der sich je nach Sonneneinstrahlung in verschiedenen Farben zeigt.

Kiwi

Auckland

Mount Ruapehu 2 797 m

Wellington

Mount Cook 3 764 m

Christchurch

Neuseeland

Nordamerika

Wer an Nordamerika denkt, meint natürlich zunächst die USA, die Heimat von Coca-Cola und McDonald's, der Levi's-Jeans und Michael Jackson. Doch Nordamerika hat auch viele eindrucksvolle Naturdenkmäler zu bieten: die atemberaubenden Rocky Mountains etwa oder die einsamen, fast menschenleeren Tannenwälder Kanadas, ebenso wie die Großen Seen an der Grenze zwischen USA und Kanada. Nordamerika ist so groß, dass dort vier verschiedene Zeitzonen vorkommen.

0   250   500   750   1000 km

Beringmeer

Öl-förderung

Alaska

ALASKAKETTE   Mount McKinley 6 198 m

Lachs

Anchorage

Yukon

ROCKY MOUNTAINS

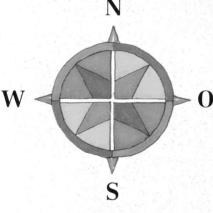

Öltanker

Pazifischer Ozean

N
W   O
S

Mount Rainier 4 392 m

Las Vegas

San Francisco

Hollywood

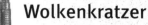

Mount Whitney 4 421 m

Los Angeles

Hollywood
Hollywood ist der berühmteste Stadtteil von Los Angeles, denn dort ist das Zentrum der amerikanischen Filmindustrie. 1908 wurde in der so genannten Traumfabrik der erste Film (Stummfilm) überhaupt gedreht, und alle großen Filmstudios haben dort ihren Hauptsitz.

Wolkenkratzer
Die meisten Wolkenkratzer gibt es in New York, auf der Insel Manhattan. Da dort die ganze Insel bereits bebaut war, musste man notgedrungen in die Höhe gehen. Diese Idee wurde dann im ganzen Land umgesetzt. Der höchste Wolkenkratzer der USA steht in Chicago: Der Sears-Tower ist 442 Meter hoch.

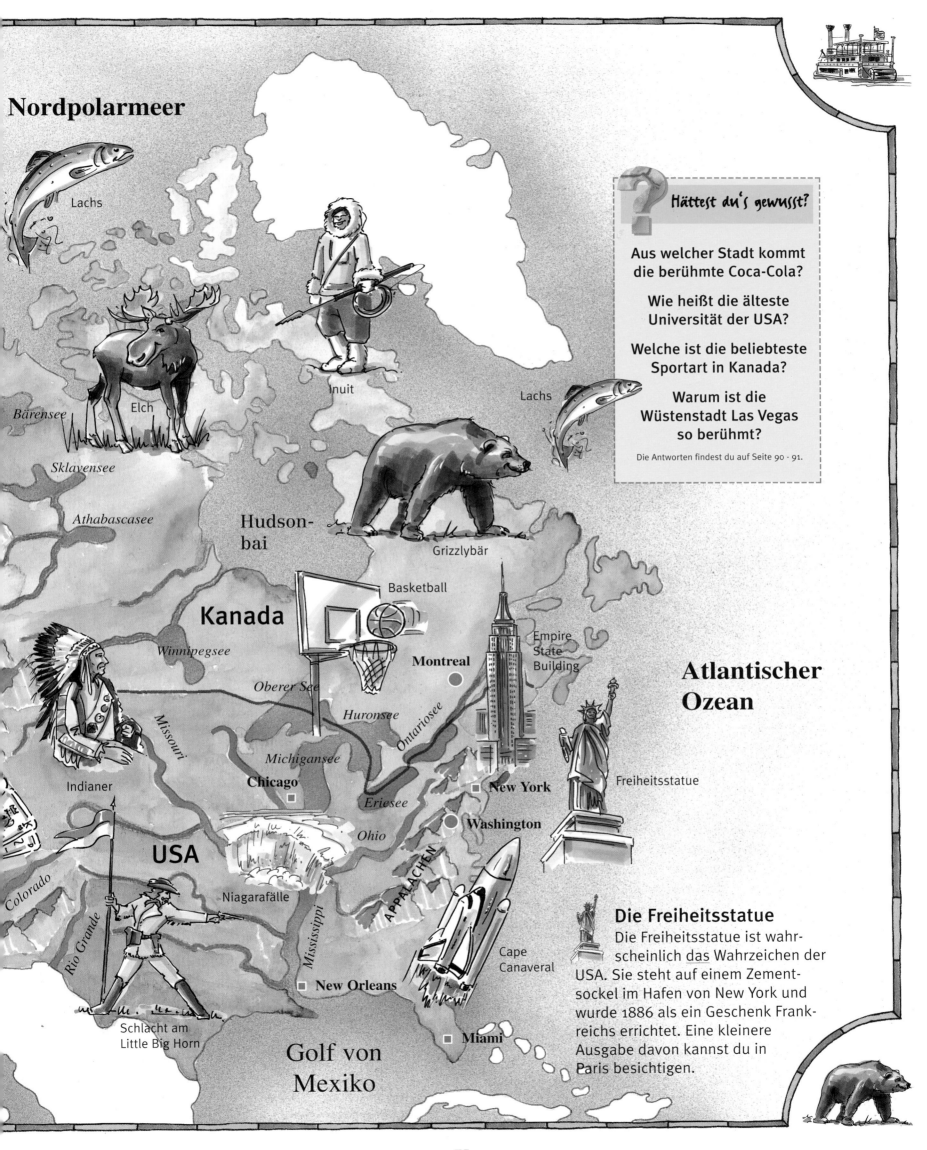

Nordpolarmeer

Lachs

Elch

Bärensee

Sklavensee

Athabascasee

Hudson-
bai

Inuit

Lachs

Grizzlybär

Basketball

Kanada

Winnipegsee

Oberer See

Montreal

Huronsee

Ontariosee

Empire
State
Building

Michigansee

**Atlantischer
Ozean**

Missouri

Indianer

Chicago

Eriesee

New York

Freiheitsstatue

Ohio

Washington

USA

Colorado

Rio Grande

Niagarafälle

Mississippi

APPALACHEN

Cape
Canaveral

New Orleans

Schlacht am
Little Big Horn

Miami

**Golf von
Mexiko**

Hättest du's gewusst?

**Aus welcher Stadt kommt
die berühmte Coca-Cola?**

**Wie heißt die älteste
Universität der USA?**

**Welche ist die beliebteste
Sportart in Kanada?**

**Warum ist die
Wüstenstadt Las Vegas
so berühmt?**

Die Antworten findest du auf Seite 90 - 91.

Die Freiheitsstatue
Die Freiheitsstatue ist wahrscheinlich das Wahrzeichen der
USA. Sie steht auf einem Zement-
sockel im Hafen von New York und
wurde 1886 als ein Geschenk Frank-
reichs errichtet. Eine kleinere
Ausgabe davon kannst du in
Paris besichtigen.

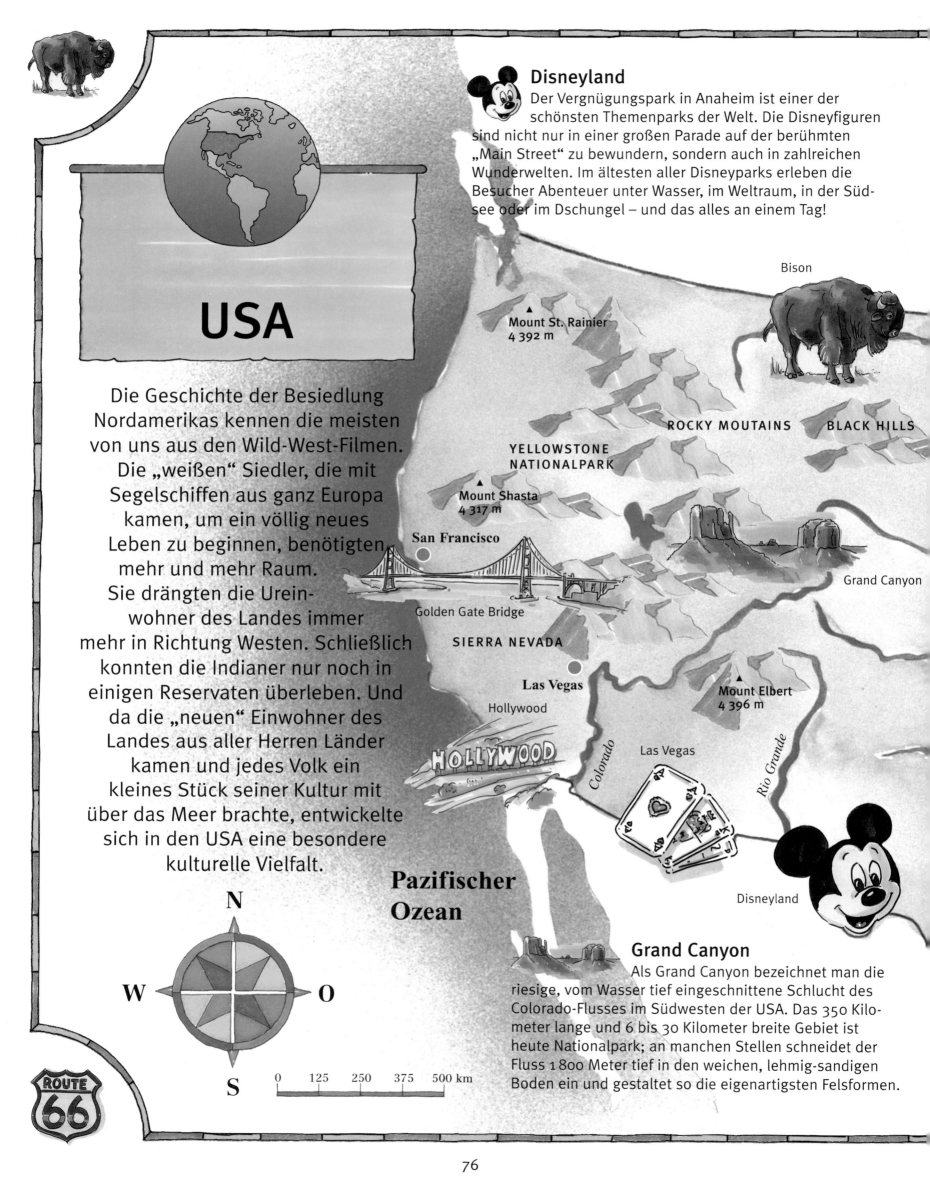

USA

Disneyland

Der Vergnügungspark in Anaheim ist einer der schönsten Themenparks der Welt. Die Disneyfiguren sind nicht nur in einer großen Parade auf der berühmten „Main Street" zu bewundern, sondern auch in zahlreichen Wunderwelten. Im ältesten aller Disneyparks erleben die Besucher Abenteuer unter Wasser, im Weltraum, in der Südsee oder im Dschungel – und das alles an einem Tag!

Die Geschichte der Besiedlung Nordamerikas kennen die meisten von uns aus den Wild-West-Filmen. Die „weißen" Siedler, die mit Segelschiffen aus ganz Europa kamen, um ein völlig neues Leben zu beginnen, benötigten mehr und mehr Raum. Sie drängten die Ureinwohner des Landes immer mehr in Richtung Westen. Schließlich konnten die Indianer nur noch in einigen Reservaten überleben. Und da die „neuen" Einwohner des Landes aus aller Herren Länder kamen und jedes Volk ein kleines Stück seiner Kultur mit über das Meer brachte, entwickelte sich in den USA eine besondere kulturelle Vielfalt.

Bison

Mount St. Rainier
4 392 m

ROCKY MOUTAINS

BLACK HILLS

YELLOWSTONE
NATIONALPARK

Mount Shasta
4 317 m

San Francisco

Grand Canyon

Golden Gate Bridge

SIERRA NEVADA

Las Vegas

Mount Elbert
4 396 m

Hollywood

Colorado

Las Vegas

Rio Grande

Pazifischer Ozean

N

W   O

S

Disneyland

Grand Canyon

Als Grand Canyon bezeichnet man die riesige, vom Wasser tief eingeschnittene Schlucht des Colorado-Flusses im Südwesten der USA. Das 350 Kilometer lange und 6 bis 30 Kilometer breite Gebiet ist heute Nationalpark; an manchen Stellen schneidet der Fluss 1 800 Meter tief in den weichen, lehmig-sandigen Boden ein und gestaltet so die eigenartigsten Felsformen.

0   125   250   375   500 km

ROUTE 66

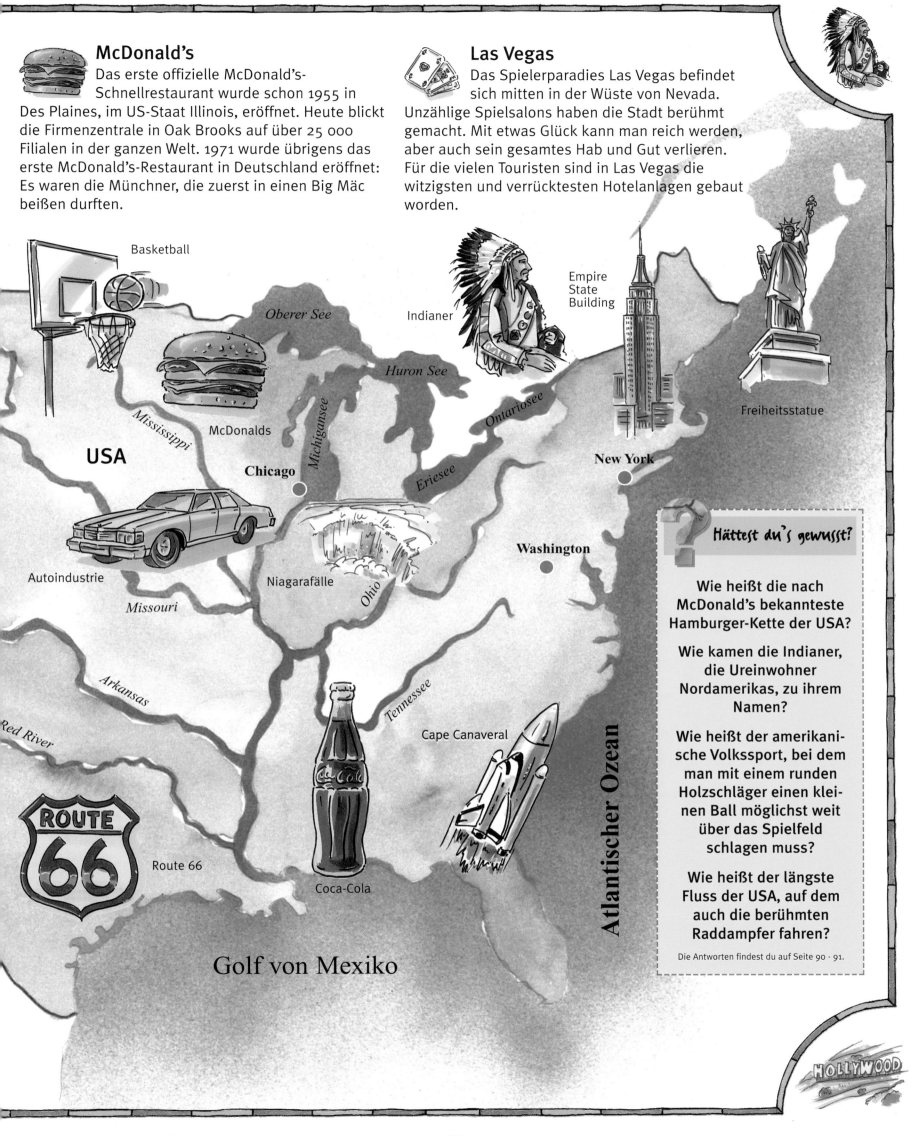

McDonald's

Das erste offizielle McDonald's-Schnellrestaurant wurde schon 1955 in Des Plaines, im US-Staat Illinois, eröffnet. Heute blickt die Firmenzentrale in Oak Brooks auf über 25 000 Filialen in der ganzen Welt. 1971 wurde übrigens das erste McDonald's-Restaurant in Deutschland eröffnet: Es waren die Münchner, die zuerst in einen Big Mäc beißen durften.

Las Vegas

Das Spielerparadies Las Vegas befindet sich mitten in der Wüste von Nevada. Unzählige Spielsalons haben die Stadt berühmt gemacht. Mit etwas Glück kann man reich werden, aber auch sein gesamtes Hab und Gut verlieren. Für die vielen Touristen sind in Las Vegas die witzigsten und verrücktesten Hotelanlagen gebaut worden.

Basketball

Oberer See

Huron See

Indianer

Empire State Building

Freiheitsstatue

McDonalds

Mississippi

Ontariosee

USA

Michigansee

Chicago

Eriesee

New York

Autoindustrie

Niagarafälle

Ohio

Washington

Missouri

Arkansas

Tennessee

Red River

Cape Canaveral

Atlantischer Ozean

ROUTE 66

Route 66

Coca-Cola

Golf von Mexiko

Hättest du's gewusst?

Wie heißt die nach **McDonald's** bekannteste **Hamburger-Kette** der USA?

Wie kamen die Indianer, die Ureinwohner Nordamerikas, zu ihrem Namen?

Wie heißt der amerikanische Volkssport, bei dem man mit einem runden Holzschläger einen kleinen Ball möglichst weit über das Spielfeld schlagen muss?

Wie heißt der längste Fluss der USA, auf dem auch die berühmten Raddampfer fahren?

Die Antworten findest du auf Seite 90 - 91.

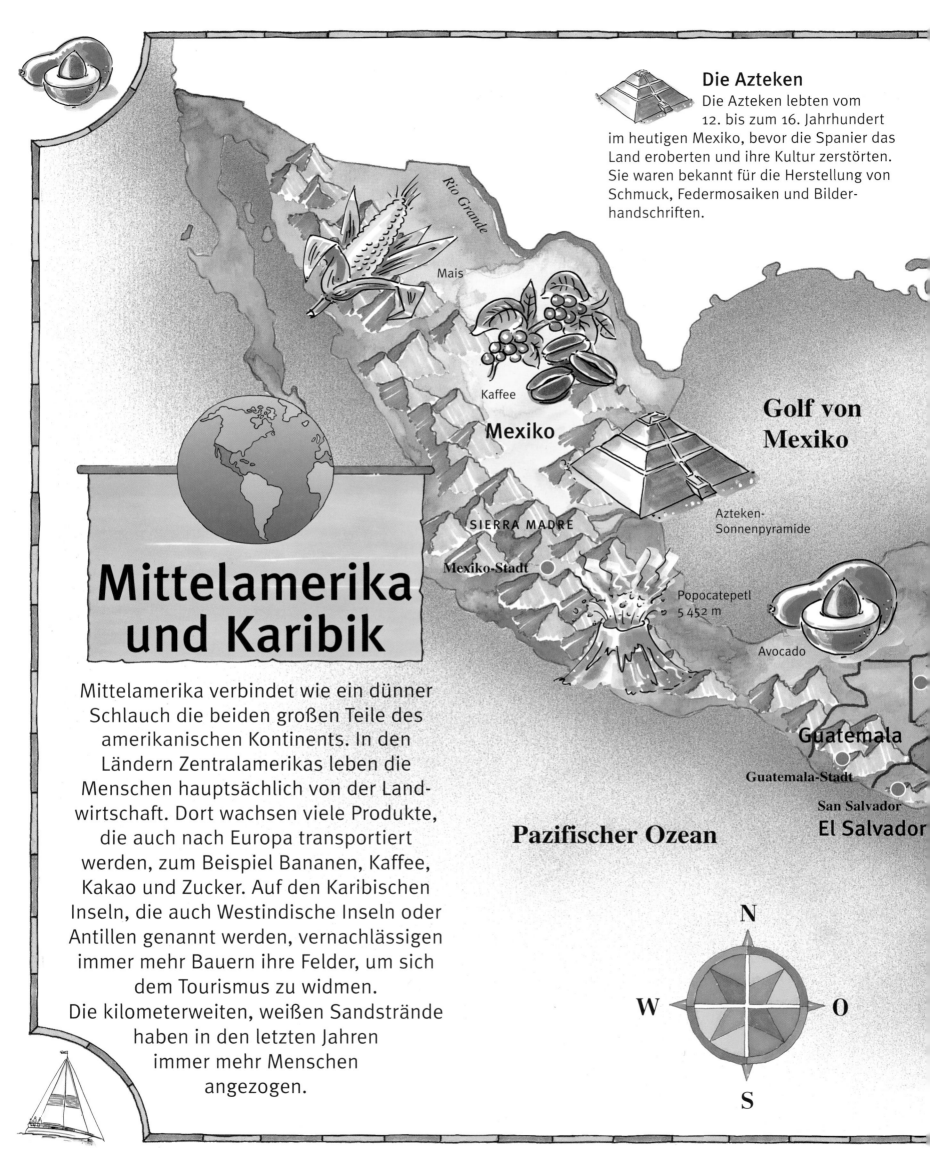

Die Azteken

Die Azteken lebten vom 12. bis zum 16. Jahrhundert im heutigen Mexiko, bevor die Spanier das Land eroberten und ihre Kultur zerstörten. Sie waren bekannt für die Herstellung von Schmuck, Federmosaiken und Bilderhandschriften.

Rio Grande

Mais

Kaffee

Mexiko

Golf von Mexiko

Azteken-Sonnenpyramide

SIERRA MADRE

Mexiko-Stadt

Popocatepetl 5 452 m

Avocado

Mittelamerika und Karibik

Mittelamerika verbindet wie ein dünner Schlauch die beiden großen Teile des amerikanischen Kontinents. In den Ländern Zentralamerikas leben die Menschen hauptsächlich von der Landwirtschaft. Dort wachsen viele Produkte, die auch nach Europa transportiert werden, zum Beispiel Bananen, Kaffee, Kakao und Zucker. Auf den Karibischen Inseln, die auch Westindische Inseln oder Antillen genannt werden, vernachlässigen immer mehr Bauern ihre Felder, um sich dem Tourismus zu widmen. Die kilometerweiten, weißen Sandstrände haben in den letzten Jahren immer mehr Menschen angezogen.

Guatemala

Guatemala-Stadt

San Salvador
El Salvador

Pazifischer Ozean

N
W O
S

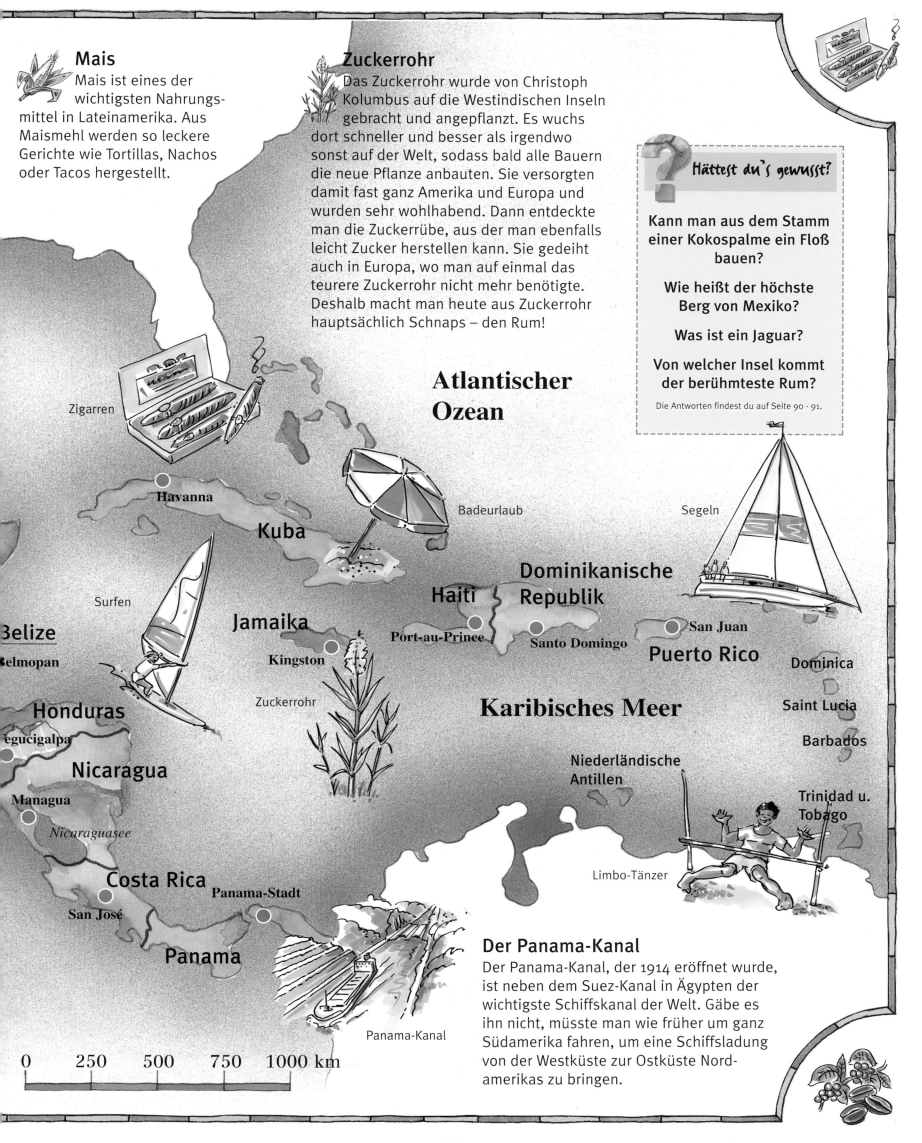

Mais

Mais ist eines der wichtigsten Nahrungsmittel in Lateinamerika. Aus Maismehl werden so leckere Gerichte wie Tortillas, Nachos oder Tacos hergestellt.

Zuckerrohr

Das Zuckerrohr wurde von Christoph Kolumbus auf die Westindischen Inseln gebracht und angepflanzt. Es wuchs dort schneller und besser als irgendwo sonst auf der Welt, sodass bald alle Bauern die neue Pflanze anbauten. Sie versorgten damit fast ganz Amerika und Europa und wurden sehr wohlhabend. Dann entdeckte man die Zuckerrübe, aus der man ebenfalls leicht Zucker herstellen kann. Sie gedeiht auch in Europa, wo man auf einmal das teurere Zuckerrohr nicht mehr benötigte. Deshalb macht man heute aus Zuckerrohr hauptsächlich Schnaps – den Rum!

Hättest du's gewusst?

Kann man aus dem Stamm einer Kokospalme ein Floß bauen?

Wie heißt der höchste Berg von Mexiko?

Was ist ein Jaguar?

Von welcher Insel kommt der berühmteste Rum?

Die Antworten findest du auf Seite 90 - 91.

Atlantischer Ozean

Zigarren

Havanna

Kuba

Badeurlaub

Segeln

Dominikanische Republik

Haiti

Surfen

Belize

Belmopan

Jamaika

Port-au-Prince

Santo Domingo

San Juan

Puerto Rico

Dominica

Kingston

Zuckerrohr

Karibisches Meer

Saint Lucia

Honduras

Tegucigalpa

Barbados

Nicaragua

Niederländische Antillen

Managua

Nicaraguasee

Trinidad u. Tobago

Limbo-Tänzer

Costa Rica

Panama-Stadt

San José

Panama

Der Panama-Kanal

Der Panama-Kanal, der 1914 eröffnet wurde, ist neben dem Suez-Kanal in Ägypten der wichtigste Schiffskanal der Welt. Gäbe es ihn nicht, müsste man wie früher um ganz Südamerika fahren, um eine Schiffsladung von der Westküste zur Ostküste Nordamerikas zu bringen.

Panama-Kanal

| 0 | 250 | 500 | 750 | 1000 km |

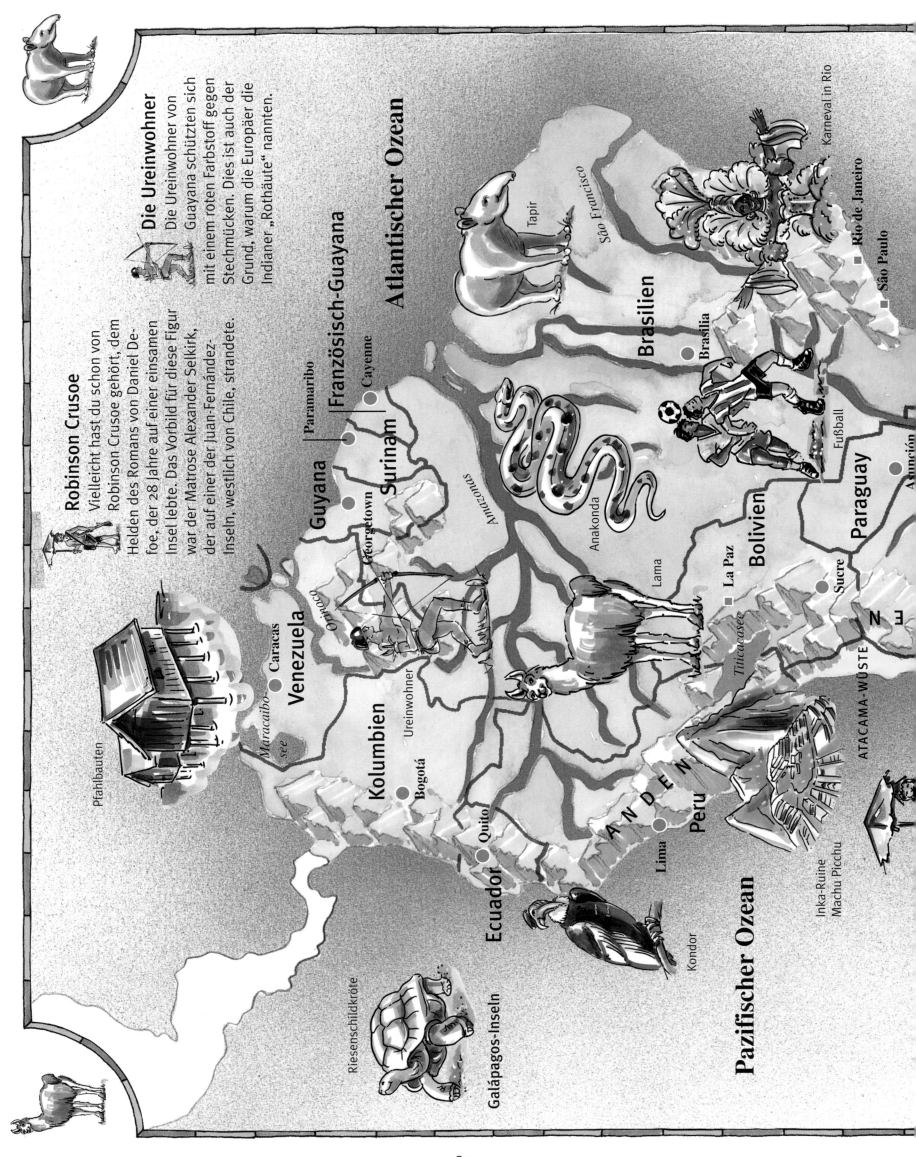

Robinson Crusoe

Vielleicht hast du schon von Robinson Crusoe gehört, dem Helden des Romans von Daniel Defoe, der 28 Jahre auf einer einsamen Insel lebte. Das Vorbild für diese Figur war der Matrose Alexander Selkirk, der auf einer der Juan-Fernández-Inseln, westlich von Chile, strandete.

Die Ureinwohner

Die Ureinwohner von Guayana schützten sich mit einem roten Farbstoff gegen Stechmücken. Dies ist auch der Grund, warum die Europäer die Indianer „Rothäute" nannten.

Atlantischer Ozean

Tapir

São Francisco

Brasilien

Karneval in Rio

Rio de Janeiro

São Paulo

Brasília

Fußball

Französisch-Guayana

Cayenne

Paramaribo

Surinam

Georgetown

Guyana

Amazonas

Anakonda

Lama

La Paz

Bolivien

Sucre

Paraguay

Asunción

Orinoco

Ureinwohner

Venezuela

Caracas

Maracaibo

Maracaibosee

Pfahlbauten

Kolumbien

Bogotá

Titicacasee

N

E

ATACAMA-WÜSTE

A N D E N

Peru

Lima

Kondor

Inka-Ruine Machu Picchu

Ecuador

Quito

Riesenschildkröte

Galápagos-Inseln

Pazifischer Ozean

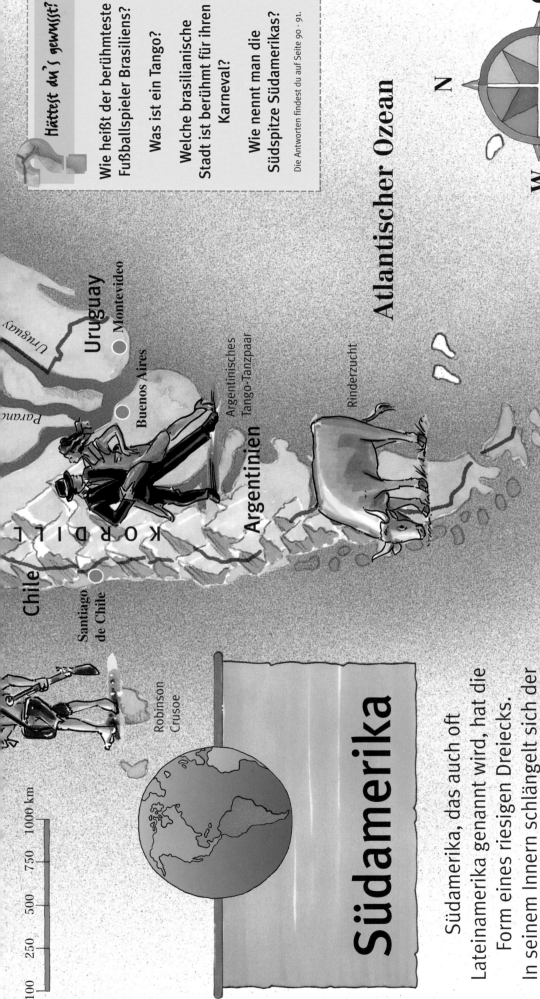

Hättest du's gewusst?

Wie heißt der berühmteste Fußballspieler Brasiliens?

Was ist ein Tango?

Welche brasilianische Stadt ist berühmt für ihren Karneval?

Wie nennt man die Südspitze Südamerikas?

Die Antworten findest du auf Seite 90 - 91.

Atlantischer Ozean

N
O
S
W

Uruguay
● Montevideo

Buenos Aires ●

Argentinien

Argentinisches Tango-Tanzpaar

Rinderzucht

Ländernamen

Es ist sehr interessant, wie die südamerikanischen Staaten zu ihren Namen kamen: Weil die Pfahlbauten am Maracaibosee die europäischen Entdecker an die italienische Stadt Venedig erinnerten, nannten sie das Land Venezuela (Klein-Venedig). Bolivien wurde nach dem Nationalhelden Simón Bolívar benannt. Überleg mal, wie Ecuador zu seinem Namen kam.

Die Galápagos-Inseln

Die Galápagos-Inseln, die zu Ecuador gehören, sind weltberühmt und stehen seit ungefähr 30 Jahren unter Naturschutz. Hier gibt es nämlich sehr viele Tierarten, die es sonst nirgends auf der Welt gibt, zum Beispiel die Riesenschildkröten oder die Echsen.

Chile

Santiago de Chile ●

Robinson Crusoe

K O R D I L L

Südamerika

Südamerika, das auch oft Lateinamerika genannt wird, hat die Form eines riesigen Dreiecks. In seinem Innern schlängelt sich der längste Fluss Südamerikas, der Amazonas, durch den nicht enden wollenden Dschungel. Dieser Regenwald, in dem unzählige tropische Pflanzen und Tiere leben, ist stark bedroht. Die Menschen fällen die riesigen Bäume, um das Holz zu verkaufen, oder brennen die Wälder einfach nieder, um Platz für ihre Felder und Rinderherden zu schaffen.

100 250 500 750 1000 km

Dromedar

 Dromedare sind die berühmtesten Wüstentiere – und das haben sie ihrem lustigen Höcker zu verdanken, den sie auf dem Rücken tragen. In ihm sind ihre Fettreserven. Marschiert ein Dromedar tagelang durch die Wüste, ohne etwas zu fressen oder zu trinken, wird der Höcker immer kleiner und schlaffer.

Der Tschadsee

Der See kann innerhalb eines Jahres seine Größe verdoppeln und im nächsten Jahr wieder zu einem vergleichsweise kleinen Teich zusammenschrumpfen. Das hängt davon ab, ob es viel geregnet hat oder nicht.

Nordafrika

Das nördliche Afrika wird von der größten Wüste der Welt, der Sahara, bestimmt. Sie ist ungefähr dreimal so groß ist wie das Land Sudan. Zwölf Länder beherrscht sie ganz oder teilweise mit ihrer sengenden Hitze. Da es in der Sahara kaum Wasser gibt, leben die meisten Menschen um sie herum: an den Küsten und Flüssen oder im Süden, wo die Wüste langsam in eine Steppe übergeht. Noch weiter südlich, entlang des Küstenstreifens von Sierra Leone bis Kamerun, gab es früher riesige Urwälder. Die meisten Bäume wurden aber inzwischen gefällt, denn man brauchte viel Platz, um Kaffee, Kakao und Erdnüsse anzubauen.

100   250   500   750   1000 km

Rabat

Marokko   ATLASGEBIRGE

Kanarische Inseln *(span.)*

Aiun

Algerier

Bananen

Westsahara

Dromedar

Mauretanien

Nouakschott

Mali

Affenbrotbaum

Senegal

Dakar

Gambia

Bamako

Bathurst

Niger

Bissau

Ouagadougou

Guinea-Bissau   Guinea

Burkina Faso

Konakry

Beni

Freetown

Erdnüsse

Sierra Leone

Elfenbein küste

Ghana

Togo

Akkra

N

Monrovia

Yamoussoukro

W   O

Liberia

Lome

Porto Nova

S

Atlantischer Ozean

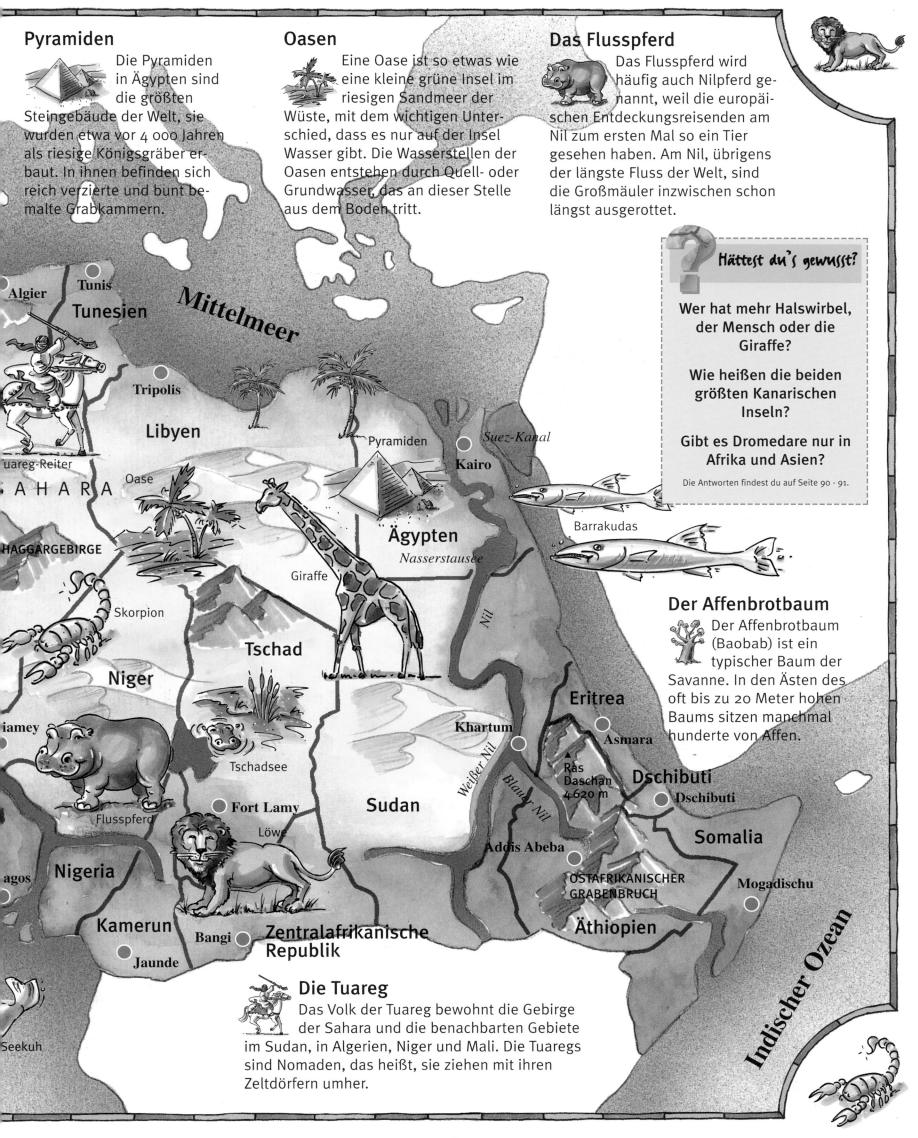

Pyramiden

Die Pyramiden in Ägypten sind die größten Steingebäude der Welt, sie wurden etwa vor 4 000 Jahren als riesige Königsgräber erbaut. In ihnen befinden sich reich verzierte und bunt bemalte Grabkammern.

Oasen

Eine Oase ist so etwas wie eine kleine grüne Insel im riesigen Sandmeer der Wüste, mit dem wichtigen Unterschied, dass es nur auf der Insel Wasser gibt. Die Wasserstellen der Oasen entstehen durch Quell- oder Grundwasser, das an dieser Stelle aus dem Boden tritt.

Das Flusspferd

Das Flusspferd wird häufig auch Nilpferd genannt, weil die europäischen Entdeckungsreisenden am Nil zum ersten Mal so ein Tier gesehen haben. Am Nil, übrigens der längste Fluss der Welt, sind die Großmäuler inzwischen schon längst ausgerottet.

Hättest du's gewusst?

Wer hat mehr Halswirbel, der Mensch oder die Giraffe?

Wie heißen die beiden größten Kanarischen Inseln?

Gibt es Dromedare nur in Afrika und Asien?

Die Antworten findest du auf Seite 90 - 91.

Der Affenbrotbaum

Der Affenbrotbaum (Baobab) ist ein typischer Baum der Savanne. In den Ästen des oft bis zu 20 Meter hohen Baums sitzen manchmal hunderte von Affen.

Die Tuareg

Das Volk der Tuareg bewohnt die Gebirge der Sahara und die benachbarten Gebiete im Sudan, in Algerien, Niger und Mali. Die Tuaregs sind Nomaden, das heißt, sie ziehen mit ihren Zeltdörfern umher.

Algier · Tunis · Tunesien · Tripolis · Libyen · Mittelmeer · Pyramiden · Suez-Kanal · Kairo · Ägypten · Nasserstausee · Barrakudas · SAHARA · Oase · HAGGARGEBIRGE · Skorpion · Giraffe · Niger · Tschad · Tschadsee · iamey · Fort Lamy · Löwe · Sudan · Weißer Nil · Blauer Nil · Khartum · Asmara · Eritrea · Ras Daschan 4 620 m · Dschibuti · Dschibuti · Somalia · Addis Abeba · OSTAFRIKANISCHER GRABENBRUCH · Äthiopien · Mogadischu · Nigeria · agos · Kamerun · Jaunde · Bangi · Zentralafrikanische Republik · Seekuh · Flusspferd · uareg-Reiter · Indischer Ozean · Nil

Südafrika

Wenn man von den tropischen, waldreichen Gebieten am Äquator in Richtung Süden fährt, lichtet sich schon bald der afrikanische Dschungel und man durchquert weite, große Wiesenlandschaften. In diesen Steppen oder Savannen leben viele Weidetiere wie Giraffen, Zebras und Antilopen. Um diese einzigartige Tierwelt zu schützen, hat man Nationalparks eingerichtet, in denen das Jagen verboten ist. Dieses Jagdverbot gilt aber natürlich nur für Wilderer – und nicht für die Raubtiere wie Löwe oder Gepard.

Principe

Sâo Tomé

Malabo

Sâo Tomé

Äquatorial-Guinea

Kongo

Libreville

Gabun

Brazzaville

Kinshasa

Pygmäe

Maniok

N

W — O

S

Luanda

Angola

Kokosnüsse

Löwe

Atlantischer Ozean

Windhuk

Namibia

Diamanten

Oranje

0   250   500   750   1000 km

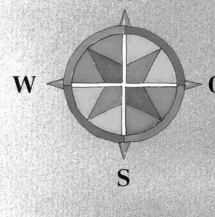

Diamanten
In Namibia und Südafrika gibt es gewaltige Diamantvorkommen. Diese Kristalle sind sehr wertvoll, weil sie zu den härtesten Materialien der Welt zählen und in der Industrie als Schneidwerkzeuge eingesetzt werden. Diamanten sind natürlich auch beliebte Schmuckstücke.

Der Kilimandscharo
Der Kilimandscharo ist der höchste Berg Afrikas, nahe am Äquator. Dort ist es normalerweise sehr heiß, aber auf seinen drei Gipfeln liegt immer Schnee.

Zu

Kapstadt

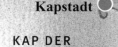

KAP DER GUTEN HOFFNUN

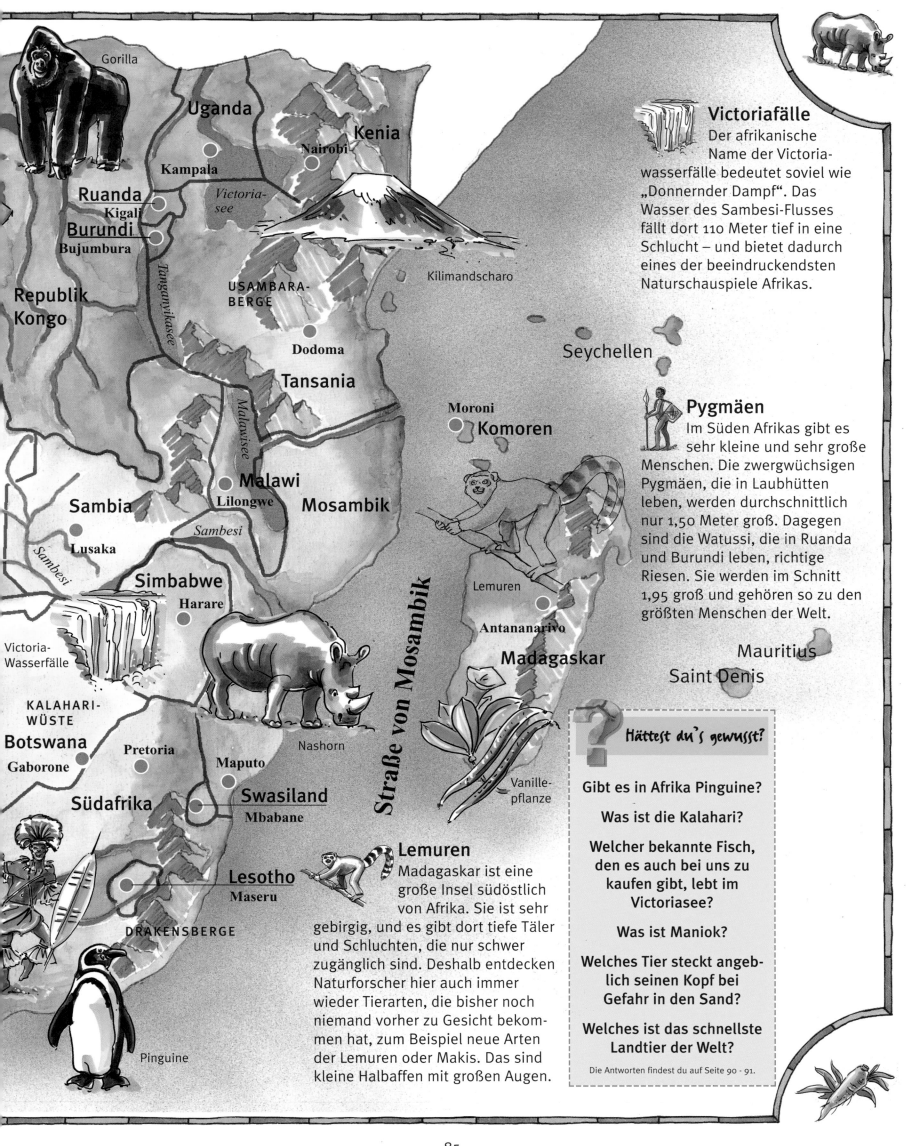

Gorilla

Uganda

Kenia

Nairobi

Kampala

Ruanda

Victoria-
see

Kigali

Burundi

Bujumbura

Tanganyikasee

USAMBARA-
BERGE

Kilimandscharo

Republik
Kongo

Dodoma

Seychellen

Malawisee

Tansania

Moroni

Komoren

Malawi

Lilongwe

Mosambik

Sambia

Sambesi

Sambesi

Lusaka

Lemuren

Antananarivo

Simbabwe

Harare

Madagaskar

Mauritius

Victoria-
Wasserfälle

Saint Denis

KALAHARI-
WÜSTE

Nashorn

Botswana

Pretoria

Gaborone

Maputo

Vanille-
pflanze

Südafrika

Swasiland

Mbabane

Straße von Mosambik

Lesotho

Maseru

DRAKENSBERGE

Lemuren

Pinguine

Victoriafälle

Der afrikanische Name der Victoria-wasserfälle bedeutet soviel wie „Donnernder Dampf". Das Wasser des Sambesi-Flusses fällt dort 110 Meter tief in eine Schlucht – und bietet dadurch eines der beeindruckendsten Naturschauspiele Afrikas.

Pygmäen

Im Süden Afrikas gibt es sehr kleine und sehr große Menschen. Die zwergwüchsigen Pygmäen, die in Laubhütten leben, werden durchschnittlich nur 1,50 Meter groß. Dagegen sind die Watussi, die in Ruanda und Burundi leben, richtige Riesen. Sie werden im Schnitt 1,95 groß und gehören so zu den größten Menschen der Welt.

Lemuren

Madagaskar ist eine große Insel südöstlich von Afrika. Sie ist sehr gebirgig, und es gibt dort tiefe Täler und Schluchten, die nur schwer zugänglich sind. Deshalb entdecken Naturforscher hier auch immer wieder Tierarten, die bisher noch niemand vorher zu Gesicht bekommen hat, zum Beispiel neue Arten der Lemuren oder Makis. Das sind kleine Halbaffen mit großen Augen.

? Hättest du's gewusst?

Gibt es in Afrika Pinguine?

Was ist die Kalahari?

Welcher bekannte Fisch, den es auch bei uns zu kaufen gibt, lebt im Victoriasee?

Was ist Maniok?

Welches Tier steckt angeblich seinen Kopf bei Gefahr in den Sand?

Welches ist das schnellste Landtier der Welt?

Die Antworten findest du auf Seite 90 - 91.

Arktis und Antarktis

In der Umgebung des geografischen Nord- und Südpols, an den sogenannten Polkappen, ist es bekanntlich sehr kalt – so kalt, dass die Meere dort erstarren und eine scheinbar unendliche Eiswüste bilden. Im Gegensatz zum Südpol, wo die Antarktis aus einer richtigen Landmasse besteht und somit ein Kontinent ist, bezeichnet man als Arktis nur das gefrorene Eismeer rund um den Nordpol. Die Antarktis ist übrigens ein internationales Schutzgebiet.

Polarlicht

Am Nord- und Südpol erscheinen nachts bunte, leuchtende Wellen am Himmel, die man Polarlicht nennt.
Wegen des extremen Winkels der Sonneneinstrahlung ist es in den Sommermonaten am Nordpol immer Tag, das heißt, es wird niemals dunkel.

Beringmeer

Schneehuhn

Eisbär

Arktis

Moschusochse

Nordpol

Elch

Inuit

Grönland

Nordpolarmeer

Lemming

Alantischer Ozean

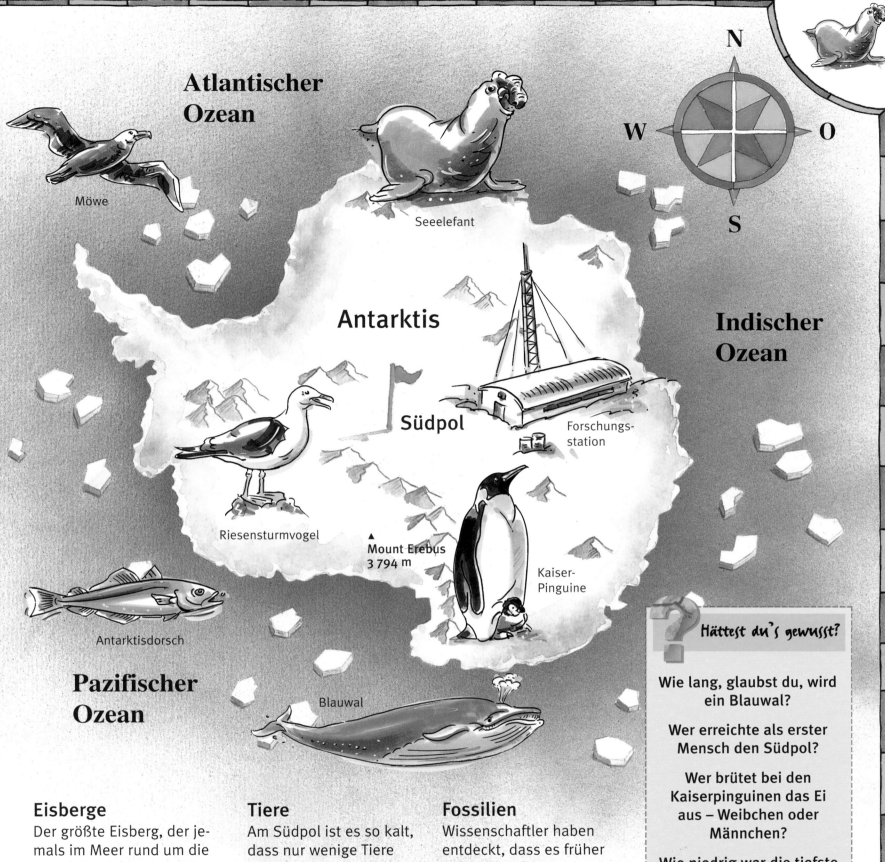

Atlantischer Ozean

Möwe

Seeelefant

Antarktis

Südpol

Forschungs-station

Riesensturmvogel

▲ Mount Erebus
3 794 m

Kaiser-Pinguine

Antarktisdorsch

Pazifischer Ozean

Blauwal

Indischer Ozean

N
W · O
S

? Hättest du's gewusst?

Wie lang, glaubst du, wird ein Blauwal?

Wer erreichte als erster Mensch den Südpol?

Wer brütet bei den Kaiserpinguinen das Ei aus – Weibchen oder Männchen?

Wie niedrig war die tiefste Temperatur, die jemals auf der Erde gemessen wurde?

Die Antworten findest du auf Seite 90 · 91.

Eisberge

Der größte Eisberg, der jemals im Meer rund um die Antarktis trieb, war größer als das Land Belgien. Die Größe von Eisbergen im Nordpolarmeer wird von Schiffen oft unterschätzt, weil sich der größte Teil unter Wasser befindet und nur die Spitze herausschaut.

Tiere

Am Südpol ist es so kalt, dass nur wenige Tiere dort überleben können. Zu den interessantesten gehören der Riesensturmvogel, der sich gegen Feinde verteidigt, indem er sie anspuckt, und der Antarktisdorsch, der eine Art „Frostschutzmittel" im Blut hat, um nicht zu Eis zu erstarren.

Fossilien

Wissenschaftler haben entdeckt, dass es früher sehr viele Pflanzen in der Antarktis gegeben haben muss, von denen sie versteinerte Überreste (Fossilien) fanden.

0   500   1000   1500   2000 km

Welt-Rekorde

Der höchste Berg

Der Mount Everest im Himalaja ist mit 8 884 Metern der höchste Berg der Welt. Er liegt im Tibet an der Grenze zu Nepal und ist das ganze Jahr von Schnee bedeckt. Der Neuseeländer E. P. Hillary war der Erste, dem mit seinem Kollegen Tenzing Norgay die Besteigung gelang. Zum Vergleich: Der höchste Berg Europas ist der Montblanc mit 4 807 Meter. Die Zugspitze, das höchste Bergmassiv Deutschlands, ist sogar nur 2 962 Meter hoch.

Der tiefste Graben

Der tiefste Punkt der Erde liegt im Marianengraben, in der Tiefsee des westlichen Pazifiks. Bis 10 924 Meter kann man dort mit einem Spezial-U-Boot in die Tiefe tauchen. Am Meeresgrund ist es natürlich stockfinster, denn die Sonnenstrahlen haben längst nicht die Kraft, das Wasser so tief noch zu erhellen.

Der längste Fluss

Der Nil im Nordosten Afrikas ist der längste Fluss der Welt. Er ist 6 671 Kilometer lang und mündet ins Mittelmeer. Der längste Fluss Europas, die Wolga, ist 3 694 Kilometer lang und fließt ins Kaspische Meer. Der Rhein, Deutschlands größter Strom, hat eine Gesamtlänge von 1 320 Kilometer.

Die größte Insel

Die größte Insel der Erde ist Grönland, das zum Staatsgebiet von Dänemark gehört. Mit 2,17 Millionen Quadratkilometern Fläche wirkt Grönland zum Mutterland Dänemark (43 076 Quadratkilometer) gigantisch. Doch das riesige Eiland ist zum allergrößten Teil mit Schnee und Eis bedeckt.

Der kleinste Staat

Der kleinste unabhängige Staat der Erde ist der Vatikan, das Zuhause des Papstes. Vatikanstadt liegt im Nordosten der italienischen Hauptstadt Rom, ist nur einen halben Quadratkilometer groß und hat etwa 1 000 Einwohner. Andere Kleinstaaten sind Andorra in den Pyrenäen (453 Quadratkilometer und 45 000 Einwohner), die Fürstentümer Monaco (2 Quadratkilometer und 28 000 Einwohner) und Liechtenstein (160 Quadratkilometer, 27 000 Einwohner) und die Republik San Marino, inmitten Italiens gelegen (21 Quadratkilometer und 23 000 Einwohner). Im Vergleich dazu: Der kleine Inselstaat Singapur hat eine Fläche von 618 Quadratkilometern und zweieinhalb Millionen Einwohner. Über 4 000 Menschen drängen sich auf einem Quadratkilometer zusammen, in Deutschland sind es ungefähr 240.

Das höchste Gebäude

Die Zwillingstürme des 1997 errichteten Petronas-Towers in Kuala-Lumpur in Malaysia (452 Meter) sind zur Zeit die höchsten Gebäude der Welt. Da es für Bauherren und Staaten immer wieder eine Herausforderung ist, das allerhöchste Haus der Welt zu bauen, gibt es ständig Pläne für noch höhere Wolkenkratzer. 23 Jahre lang war der Sears Tower mit seinen 442 Metern in Chicago der König der Wolkenkratzer. Davor waren es das World Trade

Center (417 Meter) und das legendäre Empire State Building (381 Meter) in New York, das bereits 1931 gebaut wurde. Der Sendemast von Radio Warschau, eine mit Kabeln verankerte Stahlkonstruktion, ist 1991 umgestürzt. Bis dahin war er mit 646 Metern das höchste Bauwerk der Erde. Das höchste Gebäude in Deutschland ist der Fernsehturm im Zentrum Berlins mit 365 Metern Höhe.

Der größte See

Das Kaspische Meer ist der größte See der Erde ohne Abfluss. Sein Hauptzuflüsse sind die Wolga und die Flüsse Ural und Emba. Das Kaspische Meer ist bis zu 1.200 Kilometer lang und bis zu 320 Kilometer breit. An der tiefsten Stelle misst es 994 Meter. Das Wasser ist leicht salzhaltig.

Die höchsten Wasserfälle

Die Iguaòufälle in Brasilien zählen zu den sieben Weltwundern der Gegenwart. Mit einer Gesamtbreite von 2 700 Metern sind sie die größten Wasserfälle der Erde. Von einer Höhe von bis zu 72 Metern stürzen die Wassermassen dort in die Tiefe. Nicht die größten, dafür aber die höchsten Wasserfälle der Welt liegen in Afrika: Die Victoriafälle in Simbabwe fallen ganze 110 Meter in die Tiefe. Nur halb so hoch sind übrigens die bekanntesten Wasserfälle der Welt: Es sind die Niagarafälle auf der Grenze zwischen Kanada und den USA.

Das längste Bauwerk

Die Chinesische Mauer wurde zum Schutz vor feindlichen Völkern aus dem Norden errichtet. Die Chinesen begannen ab dem Ende des 3. Jahr-

hunderts mit dem Bau und haben die Mauer bis ins 15. Jahrhundert immer wieder verändert und erneuert. Sie ist insgesamt etwa 6 250 Kilometer lang. Im Abstand von 100 bis 2 000 Metern befinden sich massive Wachtürme. Die Mauer selbst ist bis zu neun Meter hoch und acht Meter dick. Sie ist das einzige menschliche Bauwerk, das Raumfahrer auch vom Mond aus erkennen können.

Der längste Zugtunnel

Bis in die Achtzigerjahre des 20. Jahrhunderts war der Simplon-Tunnel mit einer Länge von 19,8 Kilometer der längste Eisenbahntunnel der Welt. Dann bauten die Japaner den 54 Kilometer langen Seikan-Tunnel, der seit 1988 unter dem Ozean die Inseln Honshu und Hokkaido verbindet. Der zweitlängste ist der Kanaltunnel zwischen Frankreich und Großbritannien mit 51 Kilometern.

Lösungen

Seite 12/13

- In Hamburg.
- In Köln.
- Aus Dresden.

Seite 14/15

- Von der Anziehungskraft des Mondes
- Lübeck ist berühmt für sein Marzipan
- Drachenboote
- Jeden Tag fahren etwa 120 Boote durch den Kanal.

Seite 16/17

- Unter Löschen versteht man das Entladen eines Schiffes im Löschhafen mit Hilfe von Kränen, Containerbrücken oder Seilwinden.
- Nein, der Hamburger, den man essen kann, beinhaltet das englische Wort „Ham" (Schinken) und bezeichnet das Fleisch, das ursprünglich auf das Brötchen (den Burger) gelegt wurde.
- Cats

Seite 18/19

- Müritz
- Die Kreide ist ein weißer, feinkörniger, weicher und lockerer Kalkstein, aus dem auch die bekannte Schulkreide hergestellt wird. Deshalb kann man auch mit den Steinen, die sich von den Kreidefelsen gelöst haben und am Ostseestrand herumliegen, zeichnen. Allerdings nicht ganz so gut, denn in der Schulkreide sind noch Bindemittel und andere Zusatzstoffe enthalten.
- Ein mittelalterlicher Handels- und Schutzbund der Kaufleute.

Seite 20/21

- Als Pfalz bezeichnet man eine Ansammlung von Gebäuden auf dem Besitz eines Königs oder Kaisers. Sie war so etwas wie eine Königs- bzw. Kaiserherberge, denn im dazugehörigen Palast wohnte der Herrscher mit seinem Gefolge auf seinen Reisen durchs Land. Die Pfalz diente aber auch zum Schutz der Grenzen und war Schauplatz höfisch-gesellschaftlicher Ereignisse.
- Schon 4 000 Jahre vor Christus wurde das Getreide mit einem Stein auf einem anderen zerrieben, um Mehl herzustellen. Dann wurde das Mehl zunächst mit Hilfe von Handmühlen gemahlen. Nach den Tier- und Menschenmühlen (Sklaven!) kamen die Menschen dann zunächst auf die Idee, die Wasserkraft zum Antreiben der Mühlen zu benutzen (etwa 120 vor Christus). Das Arbeiten mit Windkraft ist dagegen eine viel jüngere Erfindung. So wurden die ältesten Windmühlen Europas erst im 12. oder 13. Jahrhundert errichtet.
- Heidschnucken sind eine kleine Schafrasse, die in der Lüneburger Heide besonders häufig zu finden ist. Durch ihren Appetit auf Knospen und junge Pflanzen sorgen die Schafe dafür, dass die Heide nicht zuwuchert und ihre Landschaftsform behält.
- VW Käfer

Seite 22/23

- Es waren die berühmten Märchendichter Wilhelm und Jacob Grimm aus Hanau.
- Kohl und Pinkel heißt das Bremer Nationalgericht. Es besteht aus viel Grünkohl und Beilagen aus unterschiedlichen Fleischsorten. Als Pinkel bezeichnet man dabei einen speziellen Schweinedarm-Abschnitt, der mit Grütze gefüllt wird.
- Das Wort Container stammt aus dem Englischen. Gemeint ist ein großer Behälter aus Stahl, in dem die Güter während des Transports mit dem Schiff oder der Bahn gelagert werden. Da die meisten Container die gleiche Form und Länge haben, kann man sie sehr leicht stapeln und nutzt so den Platz im Laderaum etwa eines Frachters bestens aus.
- Die Takelage ist die Bezeichnung der Seemänner für alle Masten, Segel und Seile, die sich auf einem Schiff befinden.

Seite 24/25

- Der Sage nach reiten in der Walpurgisnacht (die Nacht vor dem 1. Mai) die Hexen auf Besen, Mistgabeln, Schweinen, Böcken oder Kälbern zum Hexensabbat auf den Hexentanzplatz (Brocken). Dort tanzen die Hexen zunächst den Schnee weg und treffen sich dann mit dem Teufel.
- Martin Luther. Der Spruch ist als Inschrift im Sockel des Luther-Denkmals in Wittenberg verewigt.
- Kleinodien sind kostbare Schmuckstücke und andere Gegenstände aus wertvollen Materialien wie zum Beispiel Gold, Silber oder Elfenbein, die mit Edelsteinen, Perlen oder Stickereien verziert sein können.

Seite 26/27

- Berlin
- Friedrich der Große war von 1740 bis zu seinem Tode 1786 König von Preußen.
- Die Braunkohleschichten sind vor Jahrmillionen aus Torfmooren entstanden, die im Lauf der Erdgeschichte mehrfach von Meeressanden und Flußkiesen überdeckt wurden.

Seite 28/29

- Die Landesregierung Berlins ist der Senat. Einen Senat haben auch die anderen Stadtstaaten Hamburg und Bremen.
- In Berlin heißt der Berliner „Pfannkuchen".
- Christo
- Es ist der Bär.

Seite 30/31

- Die Römer lebten im heutigen Italien, dessen Hauptstadt Rom ist.
- Köln, Düsseldorf und Mainz
- Düsseldorf
- Eine Zeche ist eine andere Bezeichnung für ein Bergwerk.

Seite 32/33

- Die Krämer waren Kleinhändler, die allerlei „Kram" für den Hausgebrauch verkauften. Für sie wurden ursprünglich die Gebäude auf der Krämerbrücke gebaut, auf der deshalb auch viel Handel getrieben wurde.
- Barbarossa, was so viel wie Rotbart bedeutet.
- Die Thüringer Bratwurst.

Seite 34/35

- Eine Oper ist eine Theaterstück, bei dem die Darsteller nicht sprechen, sondern ihren Text singen, und die ganze Zeit ein großes Orchester dazu spielt. Die Musik ist ein besonderes Ausdrucksmittel für Gefühle wie Angst, Liebe und Spannung.
- Als „weißes Gold" bezeichnet man das Porzellan – und das kam so: Vor 300 Jahren behauptete ein Mann namens Böttger, er könne echtes Gold machen. Der damalige Herrscher August der Starke ließ deshalb diesen Mann nach Dresden kommen und erteilte ihm den Befehl, Gold herzustellen. Nach vielen Versuchen schuf Böttger zwar kein Gold, dafür aber Porzellan. Bis dahin konnte das niemand in Europa – nur die Chinesen im fernen Asien.
- Dresden wird häufig als „Elbflorenz" bezeichnet. Florenz ist eine italienische Stadt, in der es – ähnlich wie in Dresden – viele Bauwerke im Baustil des Barock gibt. Nur dass Dresden nicht am Fluss Arno, sondern an der Elbe liegt.

Seite 36/37

- Bayern München und 1860 München.
- In Nürnberg, wo auch der berühmte Christkindlmarkt stattfindet.
- In Frankfurt am Main.

Seite 38/39

- Als Kastell bezeichneten die Römer in ihrer Militärsprache ein kleines befestigtes Truppenlager, in dem vor allem die Grenzpatrouillen untergebracht waren.
- Zur Rhön.
- Der Riesling zählt zu den weißen Rebsorten.

Seite 40/41

- Es war der Dichter Heinrich Heine im Jahr 1824.
- BASF steht für Badische Anilin- & Soda-Fabrik AG.
- Hockenheim-Ring

Seite 42/43

- An Frankreich und Luxemburg
- Die Römer
- Saarbrücken

Seite 44/45

- Mercedes
- Freiburg im Breisgau
- Den Schwarzwald
- An Österreich und die Schweiz

Seite 46/47

- Obwohl das Fest eigentlich in jedem Oktober stattfindet, beginnt es schon am letzten Wochenende im September.
- Der Schuhplattler ist ein berühmter oberbayerischer Volkstanz, bei dem die Männer stampfen, springen, schreien und sich mit den Händen auf Schenkel, Po und Schuhsohlen schlagen. Die Frauen drehen sich dabei im Kreis.
- Das Weißbier ist in anderen Bundesländern als Weizenbier bekannt, da es nicht nur aus Gersten-, sondern zum größten Teil aus Weizenmalz gebraut wird.

Seite 48/49

- Nein. Der Saumagen ist nur die Hülle für eine Füllung aus Schinken, Kartoffeln, Schweinefleisch und Wurstmasse.
- Weil sie mit vielen Gewürzen gebacken werden. Pfeffer steht ihr als Sinnbild für alle möglichen Gewürze.
- Berliner Weiße mit Schuss, das berühmte alkoholarme Bier, das mit einem Schuss Fruchtsirup versehen wird.

Seite 50/51

- Es ist der St.-Gotthard-Tunnel in der Schweiz.
- Zwischen Österreich und Ungarn.
- Das Kreuz ist ein christliches Symbol. In Ländern, in denen die Mehrheit der Bevölkerung keine Christen, sondern Moslems sind, wird daher das Symbol des Islam verwandt – ein roter Halbmond.

Lösungen

Seite 52/53
- Hier soll angeblich der Weihnachtsmann wohnen.
- Lappen.
- Fjorde sind eigentlich tiefe Täler mit sehr steilen Hängen entlang der Küste Norwegens. Durch den Anstieg des Meeresspiegels füllten sich diese Täler jedoch mit Wasser, sodass sie heute mit Schiffen befahren werden können.

Seite 54/55
- Das gelbe Trikot trägt der Spitzenreiter des berühmtesten Radrennens der Welt, der Tour de France.
- Ein Baguette ist ein französisches Stangenweißbrot.
- Keines von beiden: Die Straße von Gibraltar nennt man die Meerenge zwischen Spanien und Marokko. Sie besteht also aus Wasser!

Seite 56/57
- Bram Stoker.
- Vampire haben kein Spiegelbild, können sich also eh nicht darin sehen.
- Das Krantor aus dem Jahre 1444. Es dient heute als Schifffahrtsmuseum.
- Budapest (nicht verwechseln mit Bukarest).

Seite 58/59
- Aus Vanille-Eis und kleinen Schokoladenstückchen.
- Vatikanstadt, die Heimat des Papstes.
- Auf der Insel Capri.

Seite 60/61
- Bosporus.
- In Troja.
- Der Falke.
- In Riad, der Haupstadt von Saudi-Arabien. Dort ist es im Sommer bis zu 40° Celsius warm.

Seite 62/63
- Die Erzählung aus 1001 Nacht spielt in der usbekischen Stadt Samarkand.
- Der Sibirische Tiger.
- Die Eremitage.
- Lettland, Estland und Litauen.

Seite 64/65
- Das Wort Fakir stammt aus dem Arabischen und heißt „Armer". Fakire nennt man in Asien Bettler, die durch die Lande ziehen und dabei Kunststückchen vorführen.
- Hauptbestandteile des Currys sind: Kurkuma, Kardamom, Paprika oder Chili, Koriander, Ingwer, Kümmel, Nelken, Pfeffer und Zimt.

Seite 66/67
- Die Japaner geben sich nicht die Hände, sondern verbeugen sich wortlos.
- Das war Dschingis Khan.
- Tokio (18 Millionen Einwohner).

Seite 68/69
- Nein, die Japaner essen wie viele Asiaten mit Stäbchen. Wenn du mit deinen Eltern in ein asiatisches Restaurant gehst, musst du das unbedingt mal ausprobieren!
- Sumo-Ringen
- Sushi
- Yen

Seite 70/71
- Die Mehrheit der Balinesen sind Hinduisten, obwohl alle anderen Nachbarinseln hauptsächlich von Moslems bewohnt werden.
- Eine Pagode ist ein mehrstöckiger Bau und wichtigster Bestandteil jedes buddhistischen Tempels und Klosters.
- Der Gecko wirft den Schwanz einfach ab – aber keine Sorge, er wächst wieder nach!
- Als Monsun bezeichnet man die starken Regenfälle in den Tropen während der Regenzeit.

Seite 72/73
- Es gibt in Australien Süß- und Salzwasserkrokodile. Also Vorsicht, wenn du an der australischen Nordküste (da leben die unangenehmen Viecher!) ins Meer springst: Die grünen Reptilien werden bis zu 7 Meter lang.
- Nein, Emus sind wie ihre afrikanischen Verwandten, die Sträuße, flugunfähig.
- Geysire.
- Der Bumerang war ursprünglich ein Jagdgerät der Aborigines: ein Stock, mit dem sie nach Tieren warfen. Später wurde der Bumerang so konstruiert, dass er zum Werfer zurückkehrt. Das Bumerangwerfen ist heute ein beliebter Freizeitsport!

Seite 74/75
- Aus Atlanta im Bundesstaat Georgia. Hier ist der Firmensitz der Coca-Cola-Company.
- Die Harvard-Universität.
- Eishockey.
- Las Vegas gilt als Spielerparadies. Hier kann man beim Kartenspiel, beim Würfeln oder am Spielautomaten viel Geld gewinnen, aber auch verlieren.

Seite 76/77
- Burger King
- Christoph Kolumbus, der 1492 Amerika entdeckte, glaubte einen Seeweg nach Indien gefunden zu haben und nannte deshalb die Eingeborenen „Indianer".
- Baseball
- Mississippi

Seite 78/79
- Nein, denn der Stamm schwimmt nicht, sondern geht sofort unter. Palmen sind nämlich keine richtigen Bäume, sondern Sträucher, auch wenn sie oft wie Bäume aussehen.
- Popocatepetl, er ist 5 454 Meter hoch.
- Ja, ja natürlich auch ein ziemlich schnelles Auto. Das Auto hat seinen Namen aber von einem Raubtier, das in ganz Mittel- und Südamerika lebt!
- Aus Jamaika! Liebhaber dieses Rums behaupten, sie könnten aus einer mit Wasser gefüllten Badewanne ein Glas Jamaika-Rum herausschmecken.

Seite 80/81
- Pelé.
- Tango ist ein berühmter argentinischer Tanz.
- Rio de Janeiro.
- Kap Hoorn.

Seite 82/83
- Obwohl die Giraffe mit bis zu 6 Metern das größte Tier der Welt ist und einen unglaublich langen Hals hat, besitzt die Giraffe wie der Mensch nur 7 Halswirbel.
- Vielleicht bist du schon mal im Urlaub dort gewesen: Gran Canaria und Teneriffa sind die größten Inseln. Die kleineren heißen Lanzarote, Hierro, Gomera und La Palma.
- Nein, auch in Südamerika gibt es Kamele. Die Kamelarten heißen dort Lama und Alpaka und haben keine Höcker.

Seite 84/85
- Ja, es gibt tatsächlich welche. Obwohl diese flugunfähigen Vögel immer mit der Antarktis und Eiswasser in Verbindung gebracht werden, tummeln sich einige Arten, zum Beispiel der Brillenpinguin, an den Küsten Südafrikas.
- Die Kalahari ist eine sehr trockene Savannenlandschaft im südlichen Afrika, in der Buschmänner und einige Bantustämme leben.
- Es handelt sich um den Viktoriabarsch.
- Maniok ist ein Strauch, dessen Wurzeln in fast allen tropischen Gebieten zu den Grundnahrungsmitteln gehört. Er ist in seiner Bedeutung mit unseren Kartoffeln vergleichbar. Man macht daraus zum Beispiel Suppen, Fladen oder Brei.
- Angeblich der Vogel Strauß. Doch das ist nur eine Legende. Auch der Strauß läuft bei drohender Gefahr lieber davon.
- Der Gepard, der schneller beschleunigt als jeder Porsche. Seine Höchstgeschwindigkeit liegt bei 110 Kilometern pro Stunde.

Seite 86/87
- 30 Meter!
- Es war der Norweger Roald Amundsen mit seinem Team, der am 15.11.1911 den Pol erreichte. Sein Rivale, der Engländer Robert F. Scott, kam mit seinen Leuten erst 4 Wochen später an und starb auf dem Rückweg.
- Das Männchen! Es setzt sich 63 Tage lang auf das Eis, ohne sich von der Stelle zu rühren. Erst wenn das Weibchen nach dieser Zeit mit genügend Futter für das Junge zurückkommt, darf sich auch der Papa satt essen.
- Minus 90 Grad Celsius – natürlich wurde sie am Südpol gemessen.

Register

Register

Register

Zeichnungen: Horst Rothe, Wiesbaden
Satz und Karten: Klaus Ohl, Wiesbaden
Redaktion: Thomas Wieke, Wiesbaden/Ralf Labitzky

Die Informationen in diesem Buch wurden von Autor und Verlag sorgfältig erwogen und geprüft, dennoch kann eine Garantie nicht übernommen werden. Eine Haftung des Autors bzw. des Verlags und seiner Beauftragten für Personen-, Sach- und Vermögensschäden ist ausgeschlossen.

103980198X817 2635 4453 6271

1087400X03 02 01